Surprised by Meaning

Science, Faith, and How We Make Sense of Things

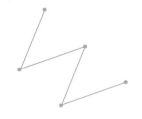

맥그래스, 과학과 종교, 삶의 의미에 대해 말하다

우주의 의미를 찾아서

Surprised by Meaning:
Science, Faith, and
How We Make Sense
of Things

알리스터 맥그래스
Alister E. McGrath

박규태 옮김

Holy
WavePlus

차례

감사하는 글

이 책은 2009년 런던 킹스 칼리지 드로우브리지(Drawbridge) 강연, 2009년 스코틀랜드 애버딘 대학교 기포드(Gifford) 강연, 2010년 사순절에 영국방송협회(BBC)가 내보낸 방송에서 과학과 믿음의 관계를 되새겨본 내용, 2010년 런던 신학교 랭(Laing) 강연, 그리고 2010년 홍콩 침례교 대학교 채플 강연을 준비하며 마련한 원고를 바탕으로 쓴 것입니다. 당시 청중들이 강연을 듣고 해준 평들은 이 책을 쓰려고 자료를 손볼 때 아주 소중한 도움이 되었습니다. 그 청중들에게 심심한 감사를 드립니다.

일러두기

미주(1, 2, 3···)로 처리된 것은 원주, 각주(•)로 처리된 것은 역자 주입니다.

사람들은 왜 그토록 범죄소설에 열광할까? 텔레비전 속 탐정들은 서양 문화에 없어서는 안 될 일부가 되었다. 우리가 가는 서점 서가에는 과거 위대한 작가들이 남긴 걸작은 물론이요, 이언 랭킨(1960-, 스코틀랜드의 범죄소설가)과 패트리샤 콘웰(1956-, 미국의 범죄소설가) 같은 작가들이 발표한 신간들이 어지럽게 꽂혀 있다. 아서 코난 도일, 애거서 크리스티, 레이먼드 챈들러, 얼 스탠리 가드너(1889-1970, 추리소설가), 도로시 세즈*는 수많은 미스터리 살인 사건들을 독자들이 보는 앞에서 멋지게 해결하며 그들의 관심을 사로잡는 능력을 발휘하여 명

* Dorothy Leigh Sayers, 1893-1957, 영국의 추리소설가·극작가. 보통 "세이어즈"라고 하나, 본인은 자기 이름을 "세즈"로 읽는다.

성을 얻었다. 우리는 셜록 홈즈, 필립 말로(레이먼드 챈들러의 소설 주인공), 페리 메이슨(스탠리 가드너의 소설 등장인물), 로드 피터 윔지(도로시 세즈의 소설 속 영국 신사 탐정), 미스 제인 마플 같은 소설 속 탐정들이 다루는 사건들을 넋을 빼놓고 따라간다. 그렇다면 우리는 왜 이런 이야기에 이토록 열광할까?

도로시 세즈가 그 이유를 설명한 바 있다. 제2차 세계대전 초기였던 1940년, 세즈는 프랑스 국민을 상대로 이들의 사기를 북돋아 줄 방송을 해달라는 부탁을 받았다.* 세즈는 프랑스가 문학작품에 등장하는 위대한 탐정들을 배출한 뿌리로서 가지는 중요성을 강조함으로써 프랑스 사람들의 자부심을 한껏 추켜올려 주어야겠다고 마음먹었다.[1] 하지만 슬프게도 세즈는 1940년 6월 4일이 되도록 자신이 방송할 원고의 준비를 마치지 못했다. 이런 방송 지연이 자신들에게 둘도 없는 기회를 안겨주었음을 확실히 인식한 독일군 총사령부는 1주일 뒤에 프랑스를 침공했다. 문학작품 속에 나타난 프랑스 탐정을 찬양하는 세즈의 강연은 결국 전달되지 못했다.

세즈가 강연하려 했던 중요 주제 가운데 하나는, 탐정소설이 엄청난 호소력을 가지는 것은 일견 서로 무관해 보이는 사건들을 이해하려는 우리의 깊은 열망을 풀어주기 때문이라는 것이다. 정녕

---

* 제2차 세계대전이 발발한 1939년부터 영국은 BBC를 통해 프랑스를 응원하는 방송을 내보냈다. 프랑스가 나치에 무너진 뒤 런던으로 망명한 드골 정부도 1944년 프랑스 해방 때까지 BBC를 통해 자신들의 항전 소식을 알리고 국민들의 사기를 진작시켰다.

이 무관해 보이는 사건들 속에는 미스터리를 풀게 해줄 중요한 단서인 실마리들이 들어 있다. 실마리들은 컨텍스트 속에서 찾아내야 하고 컨텍스트 속에 틀림없이 자리해 있다. 세즈가 말한 대로, 그리스 신화에서 유래한 이미지를 사용해 표현하자면, 우리는 "아리아드네*가 건네준 실을 따라 한 걸음 한 걸음 나아감으로써 마침내 미궁의 중심부에 이른다."[2] 또는 영국의 위대한 과학철학자 윌리엄 휴얼(William Whewell, 1794-1866)이 대중적으로 널리 퍼뜨렸던 이미지를 인용하여 표현하자면, 우리가 관찰한 결과들이라는 진주들을 제대로 하나로 꿸 실을 찾아야 이 진주들이 본디 가진 모양을 드러낼 수 있다.[3]

영국에서 가장 큰 성공을 거두고 가장 출중한 재능을 보여준 탐정소설가 중 한 사람이었던 세즈는 사물(일어나는 일들)의 의미를 이해하고자 하는 인간의 갈망이 중요함을 강조했는데, 이는 분명히 옳다. 세즈도 탁월한 기여를 했던 "범죄소설의 황금기"는 숨은 패턴들을 발견해내고 의미를 찾아내며 감춰진 비밀들을 밝혀내려는 우리의 열망을 강력히 증언해준다. 탐정소설은 은연중에 우리를 에워싼 세상이 본디 합리성을 가졌을 것이라는 우리의 믿음과, 이 세상 속에 더 깊이 감춰진 패턴들을 발견해낼 수 있는 우리의 능력에 호소

---

* 크레타 왕 미노스의 딸인 아리아드네는, 사랑하는 테세우스가 미궁에 갇힌 괴물 미노타우로스를 처치할 때 그에게 실을 건네줘 미궁에서 길을 잃지 않도록 도와준다.

한다. 우리는 뭔가 설명이 필요한 사건―가령 셜록 홈즈가 다룬 유명한 사건 가운데 하나인 찰스 바스커빌 경의 수수께끼 같은 죽음 같은 것―과 부닥친다. 도대체 실제로 무슨 일이 일어났던 것일까? 우리는 이 사건이 발생할 당시 그것을 관찰할 수 있는 지점에 있지 않았다. 그러나 실마리들을 꼼꼼히 분석해보면 실제로 일어난 일을 가장 그럴싸하게 설명할 길을 찾아낼 수 있다. 우리는 이 사건을 자연스럽게, 그러면서도 설득력 있게 설명해줄 의미라는 거미줄을 자아내야 한다. 실마리들은 때때로 가능한 해답이 몇 가지 있음을 귀띔해준다. 그 해답이 모두 옳을 수는 없다. 우리는 우리가 관찰한 것을 가장 잘 설명해주는 해답이 무엇인지 결정해야 한다. 셜록 홈즈의 천재성은 수사하는 동안에 발견한 실마리들이 의미하는 것을 가장 잘 꿰뚫어볼 수 있는 길을 찾아내는 능력에 있다.

과거는 물론이요 현재에도, 우리가 사는 세상 속에 셀 수 없이 존재하는 삶의 암호들과 수수께끼들을 이해하고 싶어하는 인간의 갈망을 볼 수 있다. 앵글로색슨계 사람들은 복잡한 수수께끼들을 사용하여 서로 골탕 먹이기를 대단히 좋아했다. 이런 수수께끼들을 막힘없이 풀어낸다는 것은 싸움에서 이긴 영웅임을 증명해주는 지식 증명서였다. 최근에 자연과학이 부상하는 현상도 세상에서 관찰한 것들을 이해하고 싶어하는 인간의 근본 열망을 되비쳐준다.[4] 서로 완전히 딴판으로 보이는 우리의 관찰 결과들을 하나로 통합해주는 더 큰 그림은 무엇일까? 어떻게 하면 증거와 관찰 결과라는 실을 짜서 진실이라는 태피스트리를 만들어낼 수 있을까? 바로 이것이 인간의 상상력을 사로잡는 비전(vision)이다. 이 비전이 현실 더 깊숙한 곳에 자리한 구조들을 탐구하고 발견해내려는 열망을 우리에게 불어넣는다.

우리는 사물들을 이해하길 열망한다. 우리는 큰 그림을 보길 갈

우리는 큰 그림을 보길 갈망하며, 더 전체적인 이야기를 알기를 원한다. 그 전체 이야기 속에서 우리 자신의 이야기도 작지만 중요한 부분을 이루고 있는 것이다.…우리는 어떻게 해야 이 점들을 결합하여 한 폭의 그림으로 드러내 보일 수 있을까?

망하며, 더 전체적인 이야기를 알기를 원한다. 그 전체 이야기 속에서 우리 자신의 이야기도 작지만 중요한 부분을 이루고 있는 것이다. 우리는 결정적인 전체 틀 또는 내러티브를 중심으로 삼아 그 주위로 우리 삶을 조직할 필요를 느끼는데, 이는 올바르게 간파한 것이라 할 수 있다. 우리를 둘러싼 세계에는 삶이라는 더 커다란 비전을 보여줄 실마리들이 점점이 박혀 있는 것 같다. 그렇다면 우리는 어떻게 해야 이 점들을 결합하여 한 폭의 그림으로 드러내 보일 수 있을까? 만일 이 점들에 압도당해서 이것들이 이뤄내는 모양을 밝혀낼 수 없다면 우리에게는 무슨 일이 벌어질까? 나무만 보고 숲은 보지 못한다면 무슨 일이 벌어질까?

미국 시인인 에드나 세인트 빈센트 밀리(Edna St. Vincent Millay, 1892-1950)는 자신의 소네트 속에서, 하늘로부터 "사실들이라는 유성

우.”(a meteoric shower of facts)가 비 오듯 쏟아진다고 썼다.[5] 하지만 이 사실들은 “아무런 질문도 받지 못한 상태로, 짜임새도 전혀 없이 그저 펼쳐져 있다.” 이 사실들은 잘 짜서 한 폭의 태피스트리로 엮어내야 할 실들, 잘 결합하여 큰 그림으로 드러내야 할 실마리들과 같다. 밀리가 지적했듯이 우리는 정보에 압도당하지만, 우리에게 폭탄처럼 쏟아지는 “사실들이라는 유성우”가 무슨 의미인지 이해하지 못한다. 이는 마치 실들은 가지고 있지만 “이 실들을 천으로 짜줄 베틀이 없는” 것과 같다. 우리는 넘쳐나는 정보와 부닥치지만 이 정보를 처리하지 못한다. 때문에 우리는 우리 자신의 삶이 모순과 무의미에 빠지기 직전에 있음을 발견한다. 우리로서는 의미가 주어지지 않은 것처럼 보인다. 설사 발견 가능한 어떤 의미가 있다손 치더라도 말이다.

많은 사람들은 의미가 없는 세계를 생각하는 것조차 견딜 수 없는 것으로 여긴다. 의미(meaning)가 존재하지 않는다면, 인생에는 아무런 의미(point)가 없다. 인터넷이 발전한 덕분에 우리는 이전보다 더 쉽게 정보에 접근하고 지식을 쌓을 수 있는 시대에 살고 있다. 그러나 정보는 의미와 같은 것이 아니며, 지식도 지혜와 동일하지 않다. 아무런 의미를 찾을 수 없는 사실들이 지진해일처럼 밀려와 우리를 집어삼킨다고 느끼는 이들이 많다.

구약성경의 한 심오하고 강력한 본문이 이 주제를 펼쳐 보인다. 이 본문에서 이스라엘 왕 히스기야는 마음이 완전히 무너지기 직전까지 갔던 자기 경험을 회상한다(사 38:9-20). 히스기야는 자신을 자기 베틀과 단절되어버린 베 짜는 사람에 비유한다(12절). 앞서 보았던 밀리의 이미지를 다시 사용한다면, 히스기야는 자기가 "사실들이라는 유성우"에 폭격당한 것으로 느꼈다고 할 수 있다. 그는 이 사실들을 함께 짜서 어떤 통일된 패턴으로 만들어낼 수 없었다. 실들이 하늘로부터 히스기야 위로 비처럼 쏟아졌다. 그러나 히스기야에게는 이 실들을 함께 엮어 어떤 패턴을 드러낼 수 있는 방법이 없었다. 그는 이 실들로부터 천을 짜낼 수가 없었다. 실들은 서로 무관한 듯 보였으며, 아무런 의미도 일러주지 않은 채, 무의미하고 냉랭한 상징들만 보여줄 뿐이었다. 히스기야는 이것들을 이해할 수 있는 수단으로부터 멀리 떨어져 있었다. 그는 낙심과 절망에 빠진 자신을 발견한다.

어떤 사람들은 우주야말로 가장 위대한 그림이요, 의미를 가진 모양이며, 가장 심오한 구조라고 생각한다. 여러분이 보는 그것이 전부다(What you see is what you get). 우리는 무신론자의 대표 주자인 리처드 도킨스*의 글 속에서 이런 사상을 발견할 수 있다. 도킨스는 과학이 삶의 의미를 묻는 질문에 가장 훌륭한 답을 제공해준다고 대담하게 그리고 자신 있게 선언한다. 과학이 우리에게 일러주는

---

* Richard Dawkins(1941-). 영국의 생물학자요 동물행동학자로 버클리 대학과 옥스퍼드 대학에서 가르쳤다. 창조론과 지적 설계론을 철저히 비판하는 진화론자요 무신론자다.

것은, 우주의 구조 더 깊은 곳에 자리한 사물의 의미 같은 것은 전혀 존재하지 않는다는 것이다. 우주에는 "설계도, 목적도, 선악(善惡)도 전혀 존재하지 않으며 오로지 무감각하고 냉랭한 무관심만 있을 뿐이다."[6]

이것은 깔끔하고 구속력 있는 교리 같은 신앙고백으로서 이를 믿는 자들에겐 훈훈한 확신을 준다. 그렇지만 도킨스의 말이 과연 맞을까? 그가 한 말은 자연을 수박 겉핥듯이 읽어낸 말 같아 어이가 없을 정도다. 그는 자연 속 더 깊은 곳에 자리한 패턴들과 구조들을 탐구하기보다 그냥 자연을 살펴보는 시늉만 낸다. 도킨스의 주장은 얼핏 보면 어떤 논거가 있는 것처럼 보인다. 그래도 도킨스가 한 일은 결국 우주가 어떤 의미를 갖고 있다는 주장에 반대하는 편견을 표현한 것에 불과하다. 나는, 우주가 도킨스 자신이 동의하지 않는 어떤 목적을 가진 것으로 드러날까 봐 걱정하는 것이 바로 도킨스의 문제점이 아닐까 생각한다.

대다수 자연과학자들은 과학을, 세계를 더 깊이 이해하려는 끝없는 탐구 여정을 대변하는 것으로 여겨야 한다고 본다. 과학은 도킨스가 좋아하는 문제인 삶의 커다란 문제들에 훌륭하고 딱 부러진 답을 전혀 내놓을 수 없다. 과학더러 과학이 다루는 범주 밖에 있는 문제들에 대답을 내놓으라고 강요하는 것은 과학을 학대하는 것이요, 과학의 정체성과 과학의 한계를 존중하지 않는 것이다. 도킨스는 과학을 우리가 사는 세계를 더 깊이 이해할 수 있게 해줄 탐구

도구라기보다, 사전에 결정된 무신론 이데올로기 정도로 여기는 것 같다.

자연과학의 지적 생명력은 자연과학이 **무언가**를 말할 수는 있지만 **모든 것**을 다 말해야 하는 것은 아니라는 점에 있다. 과학은 삶의 의미를 묻는 물음들에 답을 줄 수 없으며, 과학이 이런 물음들에 답을 줄 수 있으리라고 기대해서도 안 된다. 나아가 과학더러 답을 내놓으라고 **강요해서도** 안 되는 것이다. 과학더러 그 능력 밖에 있는 물음들에 대답하라고 요구하는 것은 과학을 욕보이는 일일 수 있다. 이런 물음들은 형이상학과 관련된 것이지 경험과 관련된 것이 아니다. 냉철한 두뇌를 가진 과학적 합리주의자요 면역학 분야의 업적으로 노벨 생리의학상을 받은 피터 메더워 경(Sir Peter Medawar, 1915-1987)은 과학이 지닌 한계를 밝혀내고 이 한계를 존중해야 한다고 역설한다. 그렇지 않을 경우, 이데올로기 강령으로 무장한 사람들이 과학을 학대하고 남용함으로써 과학이 오명을 뒤집어쓸 수 있다는 것이 그의 주장이다. 이 세계를 초월하는 중요한 질문들이 있지만, "과학은 이런 질문들에 대답할 수 없다. 설령 과학이 눈에 띄게 발전한다 하더라도 과학은 이런 질문들에 대답할 능력을 갖지는 못할 것이다."[7] 여기서 메더워가 말하는 질문이란 일부 철학자들이 "궁극에 이른 질문들"이라고 부르는 것들이다. "우리가 여기 존재하는 이유는?", "삶의 의미는?" 같은 질문이 그런 것이다. 이것들은 실제로 우리가 묻는 것이요 중요한 질문들이다. 그러나 이 질문들은 과학이 제대로 대답할 수 있는 종류가 아니다. 이 질문들은 과학이 따르는 방법의 범주 밖에 자리하고 있다.

분명히 메더워의 말은 옳다. 요컨대 과학은 우리 대다수 사람들이 찾고 있지만 찾아낼 수 없는 답을 우리에게 제공해주지 않는다. 예를 들어 선한 삶이 무엇인지 묻는 물음은 문명이 동튼 뒤부터 늘 인간 실존의 중심에 자리해왔다. 리처드 도킨스는 "과학은 무엇이 윤리적인지 결정할 방법을 갖고 있지 않다"[8]라고 선언하는데, 이는 분명히 맞는 말이다. 그러나 이 말은 과학이 가진 한계를 지적한 것으로 봐야지, 도덕성이 가능하다는 점에 도전하는 것으로 봐서는 안 된다. 과학은 도덕 가치들을 드러내줄 수는 없다. 하지만 그 때문에 도덕 가치들을 추구하는 일을 아무 쓸데없고 무의미한 일이라고 선언하지는 않는다. 대신 우리는 그런 가치들을 과학이 아닌 다른 곳에서 계속 찾는다. 과학은 도덕과 무관하다. 무신론자이자 철학자요, 과학을 의미와 가치의 중재자로 옹호하며 과학에 그래도 덜 비판적인 인물이라 할 수 있는 버트런드 러셀(Bertrand Russell, 1872-1970)조차도 과학에는 도덕적 가르침이 없다는 당혹스러운 사실을 잘 알고 있었다. 과학은 "지혜롭지 않게 사용"하면, 폭정과 전쟁을 낳는다.[9]

과학은 도덕의 측면에서 불편부당(不偏不黨)하다. 바로 이것은 과학이 도덕에는 장님이기 때문이다. 과학은 대량 살상 무기를 동원하여 강압 통치를 더 강하게 밀어붙이려는 독재자를 섬기는 동시에, 새로운 의약품과 의학 시술을 통해 병든 사람을 치료하고 싶어 하는 사람들을 섬기기도 한다. 따라서 우리에게는 도덕적 지침과 사회적 목적과 개인의 정체성을 제공해줄 초월적 내러티브들이 필요하다. 과학은 우리에게 지식과 정보를 제공할 수는 있지만, 지혜와 의미를 제공하지는 못한다.

그렇다면 기독교 신앙은 이런 문제 속으로 어떻게 들어가는가? 기독교는 사물 체계 속에 감춰진 문으로서 또 다른 세계—새로운 이해 방식, 새로운 삶의 방식, 새로운 소망 방식—로 열려 있는 문이 있다고 주장한다. 신앙은 단순히 어떤 것이 참이라고 역설하거나 주장하는 차원을 훨씬 뛰어넘는 복잡한 개념이다. 신앙은 관계 개념으로서, 하나님이 우리 상상력을 사로잡으시고 우리를 흥분시키시고 우리를 바꿔놓으시고 우리와 더불어 삶이라는 여정을 함께하실 수 있는 능력을 가진 분임을 일러준다. 신앙은 논리로 증명할 수 있는 것을 초월한다. 그렇지만 신앙은 합리적 동기를 부여할 수도 있고 합리적 근거를 댈 수도 있다.

그러므로 신앙은 일정한 동기가 불러일으킨 혹은 정당한 이유를 통해 보증되는 믿음 형태로 봐야 한다. 신앙은 무턱대고 어둠 속으로 뛰어드는 것이 아니라, 사물들로 이루어져 있고 우리도 그 일부를 이루는 더 커다란 그림을 기쁘게 발견하는 것이다. 신앙은 합리적 동의를 이끌어내고 불러내지, 그런 동의를 강요하지 않는다. 신앙은 다른 사람들이 보지 못하고 놓쳐버린 것들을 보는 것이요,

그것들이 가진 더 심오한 의미를 파악하는 것이다. 신약성경이 신앙을 갖게 됨을, 시력을 되찾아 사물들을 더 분명하게 보는 것으로 혹은 눈에서 비늘이 떨어져나가는 것으로 이야기함은 결코 우연이 아니다(막 8:22-25; 10:46-52; 행 9:9-19). 믿음은 볼 수 있는 능력을 키워줌으로써, 실제로 존재하는데도 다른 사람들이 못 보고 지나치거나 오해하는 실마리들을 우리로 보고 깨달을 수 있도록 해준다.

　동시에 신약성경은 믿음을, 인간이 자기 힘으로 이뤄내는 것이 아니라 하나님이 일으키고 불러내며 유지시키시는 것이라고 말한다. 하나님은 우리 시력을 고치시고, 우리 눈을 여시며, 우리를 도와 실제로 존재하는 것을 보도록 해주신다. 믿음은 이성과 모순되지 않는다. 도리어 믿음은, 하나님이 인간 이성과 논리가 가지는 차갑고 쓸쓸한 한계로부터 즐거이 우리를 구원해주시는 것이기에 이성을 뛰어넘는다. 우리는 우리 힘으로 깨달을 수 없었던 삶의 의미를 알고, 놀라며 기뻐한다. 일단 우리가 그 의미를 알기만 하면, 모든 것이 분명하게 밝혀지고 제자리를 찾는다. 마치 마지막 결말을 이미 알고 있는 애거서 크리스티의 추리소설을 읽는 것과도 같다. 우리도 모세처럼 하나님의 인도하심을 따라 느보 산으로 올라가서 하나님이 약속하셨던 땅을 훑어본다. 그 땅은 실제로 거기 있는 땅이지만, 인간이 지닌 여러 한계라는 지평선에 가려져 우리가 가진 보통 능력으로는 볼 수 없는 곳이다. 일단 우리가 믿음이라는 틀을 붙잡으면, 이 틀은 우리에게 세계를 볼 수 있는 새 길을 열어주고, 더 커다란 사물 체계 속에 있는 우리의 자리를 깨닫게 해준다.

하나님의 임재를 표현하는 방법으로서 우리가 익히 잘 아는 것 가운데 하나가 시편 23편이다. 시편 23편은 하나님을 우리 목자라고 말한다. 하나님은 늘 우리와 함께 계시고, 우리 삶의 여정에 은혜와 위로로 함께하신다. 심지어 우리가 "사망의 음침한 골짜기를 지날" 때도 그리하신다(시 23:4). 기독교 전통은 하나님을 우리와 함께 하시는 분이요 우리를 고쳐주시는 분이요, 삶의 난제들과 수수께끼들을 꿰뚫고 계신 분이라고 말한다. 세상은 음침한 땅처럼 보일 수 있다. 그러나 하나님은 우리 빛이시며 우리가 걸어갈 길을 밝게 비춰주시는 분이다. 도미니크 수도회 수도사요 시인인 폴 머리(Paul Brendan Murray, 1947-)가 말한 그대로, 하나님은 "우주의 모든 실이 통과하는 바늘귀"이시다.

그렇다면 우리는 사물의 의미를 어떻게 이해하려고 하는가? 다음 장에서는 이 문제를 더 상세히 다뤄보겠다.

영국을 대표하는 문화비평가인 테리 이글턴(Terence Francis Eagleton, 1943-)은 탁월한 논증으로 "새로운 무신론"(New Atheism)을 비판하면서, 사물들을 설명하려고 발명해낸 것이 종교라고 생각하는 사람들을 조롱한다.[1] 이때 이글턴은 크리스토퍼 히친스°가 이 문제를 놓고 조금은 우스꽝스럽게 과장한 말들을 염두에 두고 있었다. 가령 히친스는 망원경과 현미경이 발명되었기 때문에 이제는 종교가 "더 이상 중요한 것들을 설명해주지 않는다"[2]라는 경솔한 주장을 내놓았다. 이 말에 대해 이글턴은 "기독교는 애초부터 무언가를 설명하

° Christopher Eric Hitchens, 1949-2011. 영국계 미국인 저술가요 언론인. "새로운 무신론" 운동의 대표 주자로 알려졌다.

려는 의도를 가진 적이 전혀 없었다"라고 반박한다. 이어서 "히친스가 하는 말은 마치 전기 토스터가 발명되었으니 이제 우리는 안톤 체호프를 잊어버릴 수 있다고 말하는 것과 똑같은 말이다"라고도 했다. 이글턴이 볼 때 종교를, "세계를 설명하려고 시도하다 실패한 것"이라고 믿는 것은 "버스를 타려고 달려가다 버스를 못 탄 것이 곧 발레라고 보는 것"과 똑같은 지식수준을 보여주는 말이다.

기독교에는 사물을 이해하려는 시도를 훨씬 뛰어넘는 어떤 것이 있다고 본 이글턴의 판단은 옳다. 하지만 그리스도인들은 어떤 것들이 참이라는 것, 그것들을 신뢰해도 된다는 것, 그리고 그것들이 우리가 하는 인식과 결정과 행위를 밝히 깨우쳐준다는 것을 굳게 믿는다. 우리는 믿음 때문에 사물들을 다른 방향에서 볼 수 있다. 이를 통해 믿음은 우리가 믿음과 일치하는 방향으로 행동하도록 이끌어준다. 기독교 신앙을 달리 이야기할 수도 있겠지만, 이 신앙이 하나님이 계신다는 것, 그리고 이렇게 하나님이 계신다는 것이 인간의 정체성과 작용과 행동에서 중요한 의미를 가진다는 것과 관련되어 있는 것만은 확실하다. 하버드 대학의 심리학자 윌리엄 제임스(William James, 1842-1910)가 오래전에 지적했듯이, 종교가 말하는 신앙은 본디 "자연계의 수수께끼들을 발견하고 설명할 수 있는 모종의 질서가 존재한다고 믿는 신앙"[3]이다.

그리스도인들은 늘 그들이 가진 신앙이 자명하고 우리가 경험하는 난제들과 수수께끼들이 지닌 의미를 설명해준다고 주장했다.

복음은 광대하게 펼쳐진 장관 같은 실재를 밝게 비춰줌으로써 우리로 하여금 사물을 **진짜 모습 그대로** 보게 해주는 조명 광선과 같다. 프랑스 철학자요 사회운동가인 시몬 베유(Simone Weil, 1900-1943)는 이 점을 특히 잘 강조했다. 베유는 늦게야 회심하여 그리스도인이 되긴 했지만, 그래도 기독교가 우리의 세계 체험의 의미를 밝혀줄 힘을 갖고 있음을 깊이 깨달았다.

> 내가 밤에 실외에서 전등을 켠다면, 나는 그 전등의 전구를 보고 전등의 힘을 판단하는 대신, 그 전등이 얼마나 많은 물건들을 밝게 비춰주는가를 보고 전등의 힘을 판단할 것이다. 광원(光源)의 밝기는 그 광원이 빛을 내지 못하는 사물을 밝게 비춰주는 정도로 판단된다. 한 종교가 가진 가치, 아니 더 넓게 어떤 영적인 삶의 방식이 가진 가치는 그것이 이 세상 사물들을 밝게 비춰주는 정도로 판단된다.[4]

실재를 밝혀줄 수 있는 능력은 어떤 이론이 신뢰할 만한지 나타내는 중요한 척도요 그 이론이 진리인지 일러주는 지표다.

그렇다면 우리는 실재와 관련된 이론들을 어떻게 전개해가야 할까? 우리는 사실들이라는 실들을 짜서 여러 무늬를 보여주는 태피스트리로 만들어줄 베틀을 어떻게 만들어야 할까? 우리는 의미 구조를 어떻게 건설해야 할까? 때때로 우리는 이런 구조를 가족으로부터 물려받거나 혹은 친구들로부터 빌려온다. 이렇게 물려받거나 빌려온 의미 구조는 일종의 지식 기성품, 다른 누군가에게 쓸모가 있었던 사고방식이지만, 이제는 우리가 우리 자신에게도 역시 쓸모가 있으리라고 기대하는 것이다. 가끔 우리는 이런 구조를 우리 문화로부터 흡수하기도 한다. 다른 사람들은 모두 무언가를 믿는 것처럼 보인다. 때문에 우리도 그런 흐름에 동조하여 역시 그 무언가를 믿는다. 내가 아는 대다수 사람들은 21세기가 2000년 1월 1일에 시작했다고 믿는다. 그러나 사실 21세기는 2001년 1월 1일에 시작했다.[5] 그러나 대중의 견해와 사실 사이에 존재하는 이런 간극에 대해 심각하게 고민하는 사람은 아무도 없는 것 같다.

우리는 결코 도전을 허용하지 않는 것처럼 보이는 몇몇 사회적 가설과 관습들이 존재하는 문화 속에 살고 있다. 하지만 폴란드 출신의 탁월한 사회학자인 지그문트 바우만(Zygmunt Bauman, 1925-)은 "그 시대에 대세를 이루는 이데올로기 경향"을 신뢰하려는 우리의 습속을 예리하게 비판하면서, "사람들이 그 이데올로기 경향을 공통으로 따르는 것을, 그 경향이 의미가 있음을 가리키는 증거로 받아들인다"[6]라고 말했다. 어떤 신념이 대세를 이룬다 할지라도 그것은 그 신념이 진리임을 일러주는 신뢰할 만한 지표라기보다, 그저 한때 유행하는 지식이나 문화 경향을 보여주는 것일 수 있다. 오늘은 영원한 것처럼 보이고 전 세계가 받아들이는 듯이 보이는 것들이 내일은 시대에 뒤떨어진 사고방식이 되어 버림받는 경우가 자주 있다. 가령 포스트모더니즘은 근대(modernity)가 내린 판단들로서 난

공불락처럼 보였던 많은 것을 뒤집어 엎어버림으로써, 이 시대 서양 사상 속에서 세대와 세대 사이에 심각한 틈새를 벌려놓았다. 우리가 우리 주위에서 발견하는 사상들을 비판하며 평가할 때는 아무 문제가 없다. 문제가 시작되는 때는 우리가 듣는 것들을 무턱대고 받아들이면서 우리 스스로 생각하기를 거부할 때다.

그러나 우리를 둘러싼 문화 환경과 지식 환경을 수동적으로 받아들이는 태도를 대체할 대안이 있다. 우리는 우리만의 독특한 사고방식을 계발할 수 있고, 우리만의 독특한 길을 향해 나아갈 수 있으며, 사물들을 우리 스스로 가려낼 수 있다. 그렇다면 우리는 이런 일을 어떻게 시작할 수 있을까? 이 문제에 다가가는 고전적 접근법을 처음 시작한 사람이 미국의 위대한 철학자인 찰스 샌더스 퍼스(Charles Sanders Peirce, 1839-1914)다. 퍼스는 그의 접근법을 "귀추법"*이라고 불렀지만, 근래에는 이 접근법이 "가장 훌륭한 설명에 이르는 추론"(inference to the best explanation)이라는 말로 널리 알려져 있다. 이제 사람들은 이 접근법이, 자연과학이 가진 독특한 특징인 세계 탐구에 필요한 철학이라는 데 의견을 같이하고 있다.

퍼스는 실재와 관련된 새로운 과학 이론이나 사고방식들을 발전시키는 사고 과정을 다음과 같이 제시한다.

---

* 귀추법(abduction). 완전히 확실하지는 않은 것을 전제하고 이 전제로부터 어떤 결론을 이끌어내는 추론법이다.

1. 사람들을 놀라게 하는 사실인 C가 관찰된다.
2. 그러나 A가 참이라면, C는 (새삼 놀라운 일이 아니라) 당연지사일 것이다.
3. 그렇다면 A가 참이라는 것을 생각해볼 만한 이유가 있다.[7]

귀추는 우리가 어떤 것들을 관찰한 뒤에, 어떤 지적 체계(틀)가 우리가 관찰한 것들이 일러주는 의미를 알려줄 수 있는지 밝혀내는 과정이다. 소설 속에 등장하는 위대한 탐정 셜록 홈즈가 바로 이 방법을 사용하지만, 그는 이 방법을 "연역"(deduction)이라고 잘못 부른다. 퍼스는 때때로 귀추가 "우리에게 섬광처럼, 통찰이 번득이는 행동으로 다가온다"라고 주장한다. 때때로 귀추는, 우리가 우리 자신이 관찰하는 것들이 지닌 의미를 밝혀줄 수 있는 모든 가능성을 찾아내려고 노력하며 천천히 방법론적 성찰을 행하는 과정에서 이루어지기도 한다.

퍼스는 과학자들이 그들의 생각을 어떻게 발전시켜가는지 꼼꼼하게 생각해보고 이렇게 발전시켜가는 과정이 과학적 방법의 기초임을 확인해준다. 과학은 먼저 일련의 관찰 결과들을 모으는 것에서 시작하여, 관찰한 것들이 일러주는 의미를 가장 잘 설명하는 해석 체계가 어떤 것인지 묻는 단계로 나아간다. 이 해석 체계는 물려받은 기성품, 곧 이전 세대로부터 물려받은 이론일 수도 있다. 아니면 완전히 새로운 사고방식일 수도 있다. 여기서 우리가 대답해야 할 문제는 다음과 같다. 이론과 관찰 결과는 서로 얼마나 잘 들어맞는가? 이처럼 우리가 세계에서 보는 것들과, 어떤 이론으로 설명할 수 있는 것들 사이에 존재하는 일치를 언급하는 표현 문구가 바로 "경험상 적합성"(empirical fit)이다.

별들이 가득한 하늘에서 이루어지는 행성들의 운동을 생각해보라. 인간은 이런 운동을 수천 년 동안 관찰해왔다. 그렇다면 이런 운동의 의미를 가장 잘 설명해줄 방식은 무엇인가? 중세에는 이런 행성들의 운동을 관찰한 결과를 가장 잘 설명해주는 것이 "프톨레마이오스" 모델이라고 믿었다. 이 이론은 지구가 만물의 중심에 있으며, 해와 달과 행성들이 모두 지구 둘레를 돈다고 주장했다. 이 모델은 깔끔한 설명을 담은 모델이었지만, 중세 막바지에 이르자 충분치 않은 설명이라는 사실이 분명해졌다. 관찰 결과들이 이 이론과 맞아떨어지지 않았던 것이다. 프톨레마이오스 모델은 신음 소리를 내며 삐걱거렸고, 행성들의 운동과 관련하여 점점 더 정확하고 상세하게 드러나는 관찰 증거들을 설명해주지 못했다. 새로운 접근법이 필요하다는 것이 분명해졌다. 그리하여 16세기에 니콜라우스 코페르니쿠스와 요하네스 케플러는 지구를 포함한 모든 행성이 태양 주위를 공전한다는 이론을 내놓았다. 이 "태양 중심" 모델(지동설)이 밤하늘에서 펼쳐지는 행성들의 운동을 훨씬 더 훌륭하게 설명해준다는 것이 밝혀졌다. 이 이론과 관찰 결과 사이에 존재하는 긴밀한 경험상 적합성(경험상 이론과 관찰 결과가 서로 잘 들어맞음)은 이 이론이 옳음을 강력하게 보여주었다. 이 모델은 지금도 천문학자들이 채택하는 표준 모델이다.

비단 과학의 영역만이 이런 식으로 작동하는 것은 아니다. 퍼스는 변호사들도 그들의 직업 세계에서 성공을 거둘 요량으로 귀추에 의존한다는 것을 분명하게 밝혔다. 변호사들은 증거를 밝히 설명해줄 이론적 렌즈를 개발하여 그 증거를 예리하고 명확하게 설명해야 한다. 형사 사법 시스템에는 법정에 제출한 증거를 가장 훌륭하게 설명해주는 이론과 관련하여 의견 일치를 이루는 것도 들어 있다. 증거를 가장 잘 설명해주는 "큰 그림"은 무엇인가? 결국 배심원을 설득할 수 있는 이론은, 가능한 한 많은 실마리들을 함께 엮어 일관된 내러티브를 만들어내는 이론일 것이다. 만일 증거를 어떻게 해석할지를 놓고 상충하는 이론들이 여럿 있다면, 가장 훌륭한 이론은 십중팔구 가장 포괄성을 띠고 가장 단순하면서도 가장 논리 정연한 이론일 것이다. 배심원이 부닥치는 핵심 문제는 "검사가 제시한 이론과 피고인이 제시한 이론 가운데 어느 이론이 증거를 가장 잘 설명해주는가?"이다.

여기서 우리는 스냅숏 하나하나가 지닌 의미를 설명해줄 큰 그림을, 이야기 하나하나가 가진 의미를 설명해줄 커다란 내러티브를, 그리고 실마리들을 연결하여 만족스럽고 일관된 통일체로 만들어줄 커다란 이론을 찾으려는 모습을 본다. 이는 과학 이론과 법률 이론에 적용되는 사실이, 우리가 우리 인생이라는 통일체가 지닌 의미를 설명해보려는 시도들에도 역시 적용되기 때문이다. 그것은 마치 우리 지식의 안테나를 우리를 에워싼 목적과 의미를 밝혀줄 실마리들을 찾아낼 수 있게 조정해놓고 이 세계의 구조에 맞게 만들어놓은 것과 같다. 우리에게는 우리가 누구이고 우리가 왜 중요하며 우리가 해야 하는 일이 무엇인지 이해할 수 있게 도와줄 기준이 필요하다.

역사는 이런 의미 탐구가 인간의 정체성에 중요하다는 사실을 더 강하게 인식하도록 해준다. 우리 먼 조상들은 별들의 운행을 알면 세계의 대양(大洋)을 항해할 수 있고 나일 강의 범람을 예측할 수 있다는 것을 깨닫고 별들을 연구했다. 그러나 인간이 밤하늘에 보였던 관심은 단순한 실용성 차원의 문제를 훨씬 뛰어넘는 것이었다. 많은 사람들은 이런 질문을 던졌다. 어둠이 벨벳처럼 뒤덮여 있는 하늘 속에서, 빛이 고요히 새어나오는 이 조그만 구멍들이 삶의 기원과 목표에 관해 무언가 더 심오한 것을 밝혀줄 수 있지 않을까? 그 조그만 구멍들이 만물을 규율하고 사람들이 동조할 수 있는 더

우리 먼 조상들은 별들의 운행을 알면 세계의 대양(大洋)을 항해할 수 있고 나일 강의 범람을 예측할 수 있다는 것을 깨닫고 별들을 연구했다. 그러나 인간이 밤하늘에 보였던 관심은 단순한 실용성 차원의 문제를 훨씬 뛰어넘는 것이었다. 많은 사람들은 이런 질문을 던졌다. 어둠이 벨벳처럼 뒤덮여 있는 하늘 속에서, 빛이 고요히 새어나오는 이 조그만 구멍들이 삶의 기원과 목표에 관해 무언가 더 심오한 것을 밝혀줄 수 있지 않을까?

심오한 도덕 질서와 지적 질서를 증언해줄 수 있지 않을까? 자연에는 그 의미들을 일러줄 실마리들이 박혀 있고 문장(紋章)처럼 그려져 있지 않을까? 또한 사람의 정신도 그런 실마리들을 찾아낼 수 있고 그 실마리들이 가지는 의미를 파악할 수 있게끔 만들어져 있지 않을까? 영원을 향한 갈망이 우리 마음속에 심겨 있어서 우리를 본향으로 이끌어주지 않을까?

이와 같은 생각은 문명이 동틀 때로부터 오늘날에 이르기까지 세대를 불문하고 사람들의 상상력을 사로잡아왔다. 진정한 지혜는 실재의 표면 아래 자리해 있는 더 심오한 구조를 찾아내는 것을 일컬었다. 고대 근동의 지혜문학이 남긴 가장 빼어난 작품들 가운데 하나인 욥기는 지혜를 가리켜 감춰진 것, 땅속 깊은 곳에서 찾아내야 하는 것이라고 말하면서, 지혜가 가지는 참된 의미는 수박 겉핥기 식으로 대충 훑어봐서는 발견할 수 없는 것이라고 말한다(욥 28장). 지혜는 찾아야 하는 것이다. 지혜는 자연의 표면만 훑어봐서는 발견할 수 없다. 우리는 단지 실재의 표면만 훑어보는 것으로 만족할 수 없다. 우리는 겉모습 아래 깊은 곳에 자리해 있는 진리라는 더 심오한 패턴들을 찾아내야 한다. 다른 이들이 못 보고 놓친 패턴을 찾아내는 사람이 지혜로운 사람이다. 마이클 폴라니(Michael Polanyi)가 예리하게 언급하듯이, 다른 사람들이 그저 소음을 들을 뿐인 곳에서 어떤 사람은 음악을 듣는다.[8]

그렇다면 우리에게는 왜 이런 기준들이 필요한가? 이런 기준들이 아주 중요하다고 생각하는 사람들이 그토록 많은 이유는 무엇인가? 답의 일부는 우리가 우리 삶을 지탱해줄 신뢰할 만한 기초를 찾는다는 점에 있다. 우리는 모두 우리 삶을, 이리저리 옮겨 다니는 모래 같은 의견이 아니라 미동도 없이 견고하며 안전한 반석 같은 진리 위에 세워야 한다. 그러나 여기에는 더 심오한 문제가 있다. 삶은 단지 사물들을 이해하는 차원에 그치지 않고 그것을 넘어서는 문제다. 삶은 모호한 일과 당황스러운 일을 헤치고 나아가 우리에게 가르침과 의미를 줄 만한 가치 있는 무언가를 발견하는 것이다. 영국의 위대한 지성인이요 역사가인 아이자이어 벌린 경(Sir Isaiah Berlin, 1909-1997)의 표현을 인용한다면, 우리가 주위에서 보는 복잡한 패턴들을 분별하고 그 패턴들을 예리하게 간파하려면 우리에게는 "사상이라는 안경"(thought-spectacles)이 필요하다.[9] 그렇다면 어떤 안경을 써야 사물들을 가장 또렷하게 볼 수 있을까? 이 안경은 어떤 그림을 우리에게 드러내 보일까? 또 어느 지점에서 우리는 그 그림에 잘 들어맞는 것일까?

빅토르 프랑클(Viktor Frankl, 1905-1997)은 이 점이 중요함을 강조했다. 프랑클이 나치 집단 수용소를 겪으면서 깨달은 것은, 정신세계에 큰 상처를 입히는 어려운 상황을 겪을 때 의미를 분간하고 알아내는 것이 중요하다는 것이었다.[10] 살아남느냐 마느냐는 살려는 의지에 달려 있으며, 살려는 의지를 가질 수 있느냐 마느냐는 도덕이 완전히 무너져버린 상황, 다시 말해 사람이 생존과 자기보존에 다가오는 위협들을 직접 체험하는 상황에서도 의미와 목적을 분간하고 알아내느냐에 달려 있다. 이런 상황을 가장 잘 헤쳐나가는 사람들은 의미 체계를 가진 이들이다. 이런 체계를 가진 사람들은 자신의 경험을 마음 지도 속에 능히 받아들일 수 있다. 이 점을 강조하면서 프랑클은 독일 철학자 프리드리히 니체의 다음과 같은 말을 인용한다. "살아야 할 이유를 가진 사람은 어떤 상황도 거의 모두 이겨낼 수 있다." 프랑클은 의미를 만들어냄이 아니라 의미를 식별해냄에 대해 말하고 있다. 사건들과 상황들이 지닌 의미를 이해하고, 그 의미를 사건들과 상황들에 적용할 능력이 없으면, 우리는 실재를 대면할 수 없다.

우리에게는 실재를 일러줄 마음 지도가 필요하다. 이 지도는 우리가 있을 자리를 잡아주고 우리가 인생행로를 따라 걸어갈 길을 발견할 수 있게 도와준다. 우리에게는 인간의 본질과 세계와 하나님과 관련된 근본 질문들에 분명히 초점을 맞춰줄 렌즈가 필요하고 안경이 필요하다. 또한 그것들이 신뢰할 만한 것인지 검증해볼 수단도 필요하다. 그리스도인들은 우리 각 사람에게 허락된 실상(실재를 보여주는 상[像])이 우리 너머에 자리해 있는 훨씬 더 큰 진리 중 자그마한 조각에 불과하다고 주장한다. 바울이 했던 유명한 말마따나 "지금 우리는 거울 속을 희미하게 들여다볼 뿐이다"(고전 13:12). 기독교 신앙은 신뢰할 수 있는 지도가 존재하며, 이 지도가 더 커다란 삶의 문제들과 관련하여 우리가 있어야 할 자리를 잡을 수 있게 우리를 도와준다고 선언한다. 이 지도는 지역을 상세히 그린 지도라기보다 대충 스케치한 지도일 수 있다. 그러나 이런 지도도 우리 필요를 채워주기에 충분하다. 우리가 이 세상에서 보는 그림은 완전한 그림이 아니다. 그러나 우리는 지금도 어떤 그림이 존재하며, 우리가 그 그림의 중요한 일부임을 알려주고도 남는 실마리들을 그 그림에서 본다.

그렇다면 어떤 실마리들이 우리가 더 깊은 차원의 의미를 발견할 수 있도록 도와줄 수 있을까? 다음 장에서는 이 문제를 다뤄보겠다.

이 이야기는 고대 그리스 철학자인 키레네의 아리스티포스(Aristippus of Cyrene, 주전 약 435-356)의 이야기다. 아리스티포스는 배가 난파하는 바람에 바다에 빠졌다가 지중해의 로도스 섬 해변에 이르렀다. 그는 자기가 발을 디딘 곳이 어디인지 몰랐다. 이 섬에는 사람이 살까? 그는 해변을 따라 걷다가 모래 위에 몇 가지 기하학적 패턴이 그려져 있는 것을 발견했다. 그걸 본 아리스티포스는 외쳤다. "야, 살았다! 여기에는 틀림없이 사람이 산다!"[1]

아리스티포스는 자연 속에 펼쳐져 있는 몇 가지 모양들을 보았는데, 이 모양들은 그에게 지식을 가진 인간이 존재함을 시사해주는 것 같았다. 이 모양들은 그와 같은 사람들이 고안하고 그려낸 것으로 보였다. 자연은 스스로 그런 구조를 만들어낼 수가 없다. 아리스티포스가 제시할 수 있는 유일한 설명은 그 섬에 다른 사람들이 산다는 것뿐이었다.

이것은 엄청난 이야기다. 하지만 우리는 이 이야기에 들어 있는 더 깊숙한 의미를 간과해서는 안 된다. 아리스티포스는 어떤 실마리를 보았다. 그는 이 실마리를 보고 이것이 다른 무언가를 일러준다는 것을 깨달았다. 로도스 섬 해변 모래 위에 있던 기하학적 무늬들은 그 섬에 사람이 살고 있음을 알려주는 표지였다. 똑같은 점을 강조하는 또 다른 이야기가 대니얼 디포(Daniel Defoe, 1659-1731)가 쓴 유명한 소설 『로빈슨 크루소』다. 크루소는 배가 난파하여 어떤 섬에 다다른다. 그는 이 섬에서 자기 혼자뿐이라고 믿는다. 그러던 어느 날 그는 해변의 모래 위에서 사람 발자국을 발견하고 깜짝 놀란다. 그가 이 발자국을 보고 내린 결론은 명료하고 간단했다. 그가 이른 그 섬에는 틀림없이 다른 누군가가 있었다. 그는 혼자가 아니었다. 크루소는 이를 기뻐해야 할지 아니면 무서워해야 할지 확실한 판단을 내리지 못한다. 이 다른 사람은 친구일까 적일까? 동지일까 위험 인물일까?

여기서 우리는 자연과학이 독특하게 가지고 있는 한 가지 사고 패턴을 본다. 우리는 어떤 것들을 관찰한다. 우리는 그것들을 놓고 골똘히 생각하다가, 그것들이 그것들 너머에 있는 무언가를—우리가 알지 못하고 아직까지 관찰해본 적이 없는 것을—가리키는 것처럼 보인다는 사실을 깨닫는다. 우리를 둘러싼 세계에 있는 실마리들은 이제까지 감춰진 채 알려지지 않은 실재들이 존재할 수 있음을 우리에게 일깨워준다. 인간의 지성이 말 그대로 호기심으로 가득하다 보니, 우리는 이런 감춰진 진리들을 발견하고 싶어한다. 우리가 보는 것들은 우리 지식의 지평선 너머로 나아가 그 지평선 너머에 있는 것들을 확인하고 싶어하는 열망을 우리에게 심어준다. 우리는 이런 실마리들이 일러주는 듯 보이는 것들을 발견

여기서 우리는 자연과학이 독특하게 가지고 있는 한 가지 사고 패턴을 본다. 우리는 어떤 것들을 관찰한다. 우리는 그것들을 놓고 골똘히 생각하다가, 그것들이 그것들 너머에 있는 무언가를—우리가 알지 못하고 아직까지 관찰해본 적이 없는 것을—가리키는 것처럼 보인다는 사실을 깨닫는다.

할 수 있을까? 우리는 그 실마리들이 일러주는 신세계로 들어갈 수 있을까?

1781년, 영국의 천문학자인 윌리엄 허셜(Frederick William Herschel, 1738-1822)은 새 행성을 발견했다. 이 발견은 엄청난 흥분을 일으켰다. 허셜 당대에 과학계 정설은 고대 천문학자들이 알았던 행성들─수성, 금성, 화성, 목성, 토성─외에는 다른 행성이 없다고 추정했기 때문이다. 일부 반대 의견이 있긴 했으나, 국제 과학계는 이 새 행성을 "천왕성"으로 부르는 데 의견 일치를 보았다.[2] 천왕성을 발견하고 몇 해가 지난 뒤, 천문학자들은 새 행성을 관측하면서 그 궤도와 태양으로부터 떨어져 있는 거리를 계산했다. 천왕성은 토성보다 훨

썬 더 먼 곳에 있으며, 태양계는 이전에 사람들이 생각한 것보다 더 크다는 것이 금세 분명하게 밝혀졌다.

그러나 이내 뭔가가 잘못되었음이 분명하게 드러난다. 1821년이 되자, 새 행성이 사람들이 예측한 대로 움직이지 않는다는 사실이 명확해졌다. 영국과 프랑스의 수학자들은 17세기에 아이작 뉴턴(Isaac Newton, 1642-1727)이 세워놓은 고전적 행성 운동 이론에 근거하여 천왕성의 궤도를 계산했다. 그러나 천왕성은 예측한 대로 움직이지 않았다. 그렇다면 무엇이 문제였을까?

한 가지 가능한 설명은 뉴턴의 이론이 틀렸다는 것이었다. 어쩌면 행성 운동 이론 전체를 뜯어고쳐야 할지도 몰랐다. 어쩌면 천왕성이 있는 곳만큼 그렇게 엄청나게 먼 거리에서는 태양의 인력이 뉴턴이 예측한 내용을 따르지 않을지도 모르는 일이었다. 하지만 이 당황스러운 관찰 결과들을 설명할 또 다른 길이 있었다. 만일 천왕성 바깥쪽에 알려지지 않은 행성이 또 하나 있다면 이야기가 달라지지 않을까? 그 행성의 인력이 천왕성의 궤도를 왜곡하는 바람에 천왕성이 이처럼 상궤에서 벗어난 운동을 하고 있을지도 모르는 일이었다.

이런 가능성을 놓고 두 수학자가 각자 조사를 시작했다. 케임브리지에서 연구하던 존 카우치 애덤스(John Couch Adams, 1819-1892)와 프랑스 파리의 위르뱅 르 베리에(Urbain Le Verrier, 1811-1877)는, 이 미지의 행성을 밤하늘의 어느 지점에서 관측할 수 있는지를 놓고 비숫한 예측을 내놓기에 이르렀다. 마침내 1846년 9월, 르 베리에는 베를린 천문대에서 일하던 동료에게 서신을 보내, 가설 속에 존재하는 새 행성을 밤하늘 어느 위치에서 찾아보라고 일러준다. 독일 천문학자인 요한 고트프리트 갈레(Johann Gottfried Galle, 1812-1910)는 관측을 시작한 지 1시간도 되지 않아 이제는 "해왕성"이라 알려져 있는 행성을 발견했다.[3]

이 유명한 이야기는 자연과학이 지닌 예측 능력을 강조하기 위해 자주 인용된다. 과학은 종종 사물을 잘못 이해하여 결국은 그릇된 가설에 근거했음이 밝혀질 예측들을 내놓는다. 그러나 이런 실수들조차도 도움이 된다. 요컨대 이런 실수들은 그릇된 가설들을 밝혀내어 그것들을 바로잡도록 강제하는 데 도움을 준다. 애덤스와 르 베리에는 천왕성의 수수께끼 같은 움직임이 오로지 그릇된 근거를 토대로 해석할 경우에만 당황스러운 것이라고 확신했다. 어떤 한 이론이라는 렌즈를 사용했더니, 그 렌즈는 뿌옇고 초점이 맞지 않았다. 그러나 그들은 천왕성의 움직임을 예리하게 밝혀줌으로써 천체의 운동을 설명해주고 천왕성이 왜 이렇게 움직이는지 해명해줄 또 다른 이론의 렌즈를 찾아낼 수 있으리라고 확신했다. 이후에 일어난 일들이 증명해주었듯이, 그 확신은 옳다는 것이 증명되었다.

여기서 우리는 세계를 관찰한 결과들을 과학 차원에서 이해하려고 했던 시도의 고전적 줄거리를 볼 수 있다. 사물들은 그냥 **생겨나지** 않는다. 사물들은 어떤 패턴, 더 큰 그림, 사물들을 모두 아우르는 어떤 체계에 맞춰져 있다. 무슨 이론이 우리가 세계에서 경험하고 관찰하는 것들을 가장 잘 설명해주는가? 고전 시대 아리스토텔레스 때부터 사람들은 과학적 설명 속에 "현상들을 보존"해야 할 필요성을 인정해왔다. 시간이 흘러가면 과학 이론들도 바뀐다. 크게 두 가지 이유 때문이다. 첫째는 새로운 발견들이 이루어지기 때문인데, 이는 곧 기존 사고방식을 재평가해야 함을 뜻한다. 둘째는 사람들이 관찰한 증거를 기존 이론보다 더 잘 설명해주는 새 이론이 펼쳐지기 때문이다.

천왕성의 신비스러운 궤도 운동에 관한 새로운 설명은 쉬이 검증받고 옳은 설명임이 판명되었다. 그러나 만사가 늘 그렇게 간단하지만은 않다. 어떤 이론이 우리가 관찰하는 것들을 아주 많이 설명해주는 것 같지만, 단지 그 이론이 옳음을 증명해줄 가용(可用) 정보가 충분치 않아 그 이론을 증명할 수 없는 경우도 종종 있다. 이런 경우에 해당하는 고전적 사례가 찰스 다윈(Charles Darwin, 1809-1882)이 『종의 기원』(1859)에서 제시한 자연선택설이다.

다윈은 자신이 자연계에서 관찰한 일련의 결과를 보면서 이 결과들이 종의 기원을 설명해주는 기존 이론에 잘 부합하지 않는다고 믿었다. 가령 일부 종은 퇴화하여 흔적만 남은 구조들(예를 들어 수컷 포유류의 유두)을 갖고 있는데, 그 이유는 무엇일까? 다윈은 자신이 전개한 자연선택설이 이런 관찰 결과들을 다른 어떤 이론보다 더 잘 설명해준다고 믿었다. 그러나 다윈은 자기 이론이 옳음을 **증명**할 수 없었다. 모든 곳이 미해결로 남아 있었다. 그가 전개한 이론은 자연계에서 관찰한 많은 결과를 설명해주었지만, 모든 관찰 결과를 설명해주지는 못했다. 그럼에도 다윈은 자기 이론이 옳다고 확신했다. 그의 이론은 너무 훌륭하여 도통 흠잡을 구석이 없었다. 그가 전개한 이론은 아주 많은 것을 그리고 아주 잘 설명해주었다.

> 그릇된 이론이라면, 앞에서 특정한 몇몇 큰 사실군(事實群)을 자연선택설이 설명하듯이 아주 만족스럽게 설명하는 것은 꿈조차 꿀 수 없는 일이다. 근래 사람들은 이것이 불안한 논증 방법이라는 것을 인정하지 않았다. 그러나 이것은 삶에서 보통 일어나는 사건들을 판단할 때 쓰는 방법이요, 가장 위대한 자연철학자들도 종종 사용했던 방법이다.[4]

다윈이 강조한 점은 간단했으며 과학에 비춰봐도 시빗거리가 되지 않는다. 어떤 과학 이론이 모든 의심을 물리칠 정도로 진실임을 증명할 수 있는 경우는 겨우 몇몇 사례들에 불과하다. 이론들이 우리를 설득하여 그것들을 진지하게 받아들일 만큼 사물의 의미를 충분히 설명해주기 때문에, 그 이론들을 참이라고 받아들이는 경우가 대부분이다. 근래 무신론을 추종하는 일부 저술가들은, 다윈이 증명될 수 있는 것에 국한하여 실재에 관한 견해를 피력했다고 주장했다. 하지만 다윈은 많은 과학 이론들을, 믿음에 근거하여 그리고 신뢰함으로써 받아들여야 한다는 점을 아주 분명하게 이야기했다. 다윈은 과학적 탐구를 옹호한 투사였지, 무신론이라는 도그마를 옹호한 투사가 아니었다. 다윈은 사물들로 이루어진 "큰 그림"을 제시하는 이론에는 늘 의심스러운 요소가 들어 있기 마련이라고 확신했다. 모든 것이 완벽하게 들어맞지는 않는다. 그러나 그가 주창한 자연선택설은 많은 것들을 아주 잘 설명해주었다. 때문에 비록 변이들과 분명한 모순들이 있고 말 그대로 그 이론과 부합하지 않는 것처럼 보이는 증거들이 일부 있었어도, 그 이론은 확실히 진리인 것처럼 보였다.

> 독자들에게는 수많은 난제가 나타날 것이다. 그 난제들 가운데 일부는 아주 심각하여 이날까지 나도 그 난제들을 곱씹으면 머뭇거릴 수밖에 없다. 그러나 내 최선의 판단에 비춰보면, 많은 경우 이 난제들은 그렇게 보일 뿐이며, 실제로 존재하는 난제들도 내가 생각하기에는 내 이론에 치명타가 되지 않는다.[5]

다윈이 보기에 그의 이론이 가진 설명 능력은 그 이론이 진리임을 일러주는 신뢰할 만한 표지였다.

모든 사람이 다윈의 이론에 설복당하지는 않았다.[6] 그의 이론에 공감하지 않는 사람들은 이 이론이 주장하는 논리와 증거에 문제가 너무 많다고 주장했다. 하지만 이후 수십 년 동안 이 문제들 중 많은 부분이 해결되었다. 결국 다윈이 언급했던 난제들 가운데 일부는 그런 문제들이 아닌 것으로 밝혀졌기 때문이다. 그러나 다윈은 모든 문제가 해결되길 기다릴 필요도 없고 그의 이론을 구성하는 모든 측면이 확인될 필요도 없다고 믿었다. 다윈의 이론은 말 그대로 사물들을 아주 훌륭하게 설명해주기 때문에 그릇된 이론이 아니었다.[7]

이것이 대다수 과학자들의 생각이다. 다윈도 예외는 아니다. 여러 가지 점에서 그는 이제 "가장 훌륭한 설명에 이르는 추론"이라는 말로 자주 표현하는 과학적 사고의 본보기다. 다윈이 주장한 생각 중 일부는 심리학자인 윌리엄 제임스가 쓴 유명한 논문 「합리성의 정서」(The Sentiment of Rationality)에서도 다시 이야기된다. 제임스의 주장에 따르면, 모든 사람은 다윈이 말하는 "작업가설"*이란 것을 가져야만 우리가 세계를 경험한 내용을 이해할 수 있다.[8] 물론 이런 "작업가설"도 완전한 증명**을 할 수 없을 때가 종종 있지만, 그래도 사람들은 이 가설을 받아들이고 이것에 근거하여 행동한다. 이 가설들이 실제 세계를 들여다볼 수 있게 해주는, 미덥고 만족스러운 관점들을 제공함을 발견하기 때문이다. 제임스는 믿음(faith)을 특별한 형태의 신념(belief)으로 보면서, 이런 믿음이 일상의 삶 속에 널리 퍼져 있다고 생각한다. 제임스는 믿음을 "이론상 여전히 의심할

---

* working hypotheses. 어떤 공격도 견뎌낼 수 있을 만큼 확고한 이론을 추출해낼 목적으로 연구 작업을 진행해갈 때, 일단 진실이라 가정하고 그 연구의 출발점으로 삼는 가설이다.
** total proof. 어느 누구도 그것이 거짓이라고 반론을 제기할 수 없게 진실이라는 확신을 심어주는 증명이다.

수 있는 어떤 것을 믿는 것"이라고 이해한다. 제임스는 이런 생각을 한 단계 더 발전시켜 "믿음은 작업가설과 같다"라고 선언한다. 우리는 어떤 것들이 참이라고 주장하며 그것들을 신뢰하면서도, 그것들이 참이라는 것을 유클리드 기하학의 명제를 증명하듯이 증명할 수 없음도 인식한다.

그리하여 제임스는 참이라는 것이 최종 확인되지도 않았고 어쩌면 끝까지 확인되지 않을 수도 있지만 그래도 신뢰할 수 있는 것임이 드러난 어떤 이론, 사물들을 이해하는 어떤 방식, 어떤 "작업가설"은 믿을 수 있음을 인정한다. 다윈의 이론은 제임스가 그런 이론으로 간주하던 종류 가운데 훌륭한 사례다. 그러나 제임스가 말한 "작업가설"의 개념은 다윈이 자연계를 설명하는 이론으로서 내놓은 자연선택설에서 훨씬 더 나아간 것이요, 다른 어떤 과학 이론보다 더 나아간 것이다. 제임스가 말한 "작업가설"은 인간 실존에서도 가장 심오한 실재들, 실제로 증명할 수는 없으나 믿을 가치가 있는 것들 가운데 하나와 관련되어 있다. 우리가 가진 가장 중요한 신념들은 말 그대로 증명할 수 없는 것들이다.

이 점은 논쟁 중인 것이기 때문에 더 면밀하게 살펴볼 필요가 있다. 의심할 여지없이 증명할 수 있는 명제들이 많이 있다. 여기에서는 그 가운데 세 가지만 들어보겠다.

1. 2+2=4

2. 전체는 부분보다 크다.

3. 물의 화학식은 H_2O다.

이 명제들은 모두 참이다. 그러나 이것들 중에는 우리에게 살아갈 이유를 제공한다고 말할 수 있는 것이 정말 하나도 없다. 이 명제들은 우리가 아침에 마음속으로 노래하고 우리 삶의 목적을 의식하며 잠에서 깨어날 이유를 전혀 제공해주지 않는다.

그리스도인들은 하나님이라는 분이 계시며, 사랑을 베푸시는 그분의 임재와 은혜가 인간의 본성을 바꿔놓고 살아갈 이유와 소망을 가질 이유를 우리에게 주신다고 믿는다. 이런 믿음은 증명할 수가 없다. 그러나 이런 믿음은, 만일 그것이 참이라면, 삶을 철저히 바꿔놓는 신념이다. 우리는 만물을 새로운 각도에서 새로운 관점으로 바라본다. 무신론자는 하나님이 계시지 않는다고 믿는다. 이 믿음이라는 것 역시 증명할 수 없다. 기독교와 무신론은 둘 다 믿음으로서 윌리엄 제임스가 "작업가설"이라는 부르는 것이다. 기독교와 무신론은 모두 사람들의 삶에 대단히 중요하다. 그러나 이것들은 증명할 수 없다.

런던에서 한 무신론자와 토론을 벌인 뒤 나누었던 대화가 생각난다. 그는 아주 정중하고 친절한 사람이었다. 그는 내게 자신이 하나님을 믿지 않으며 하나님을 믿어야 할 필요가 있음을 믿지 않는다고 설명했다. 그는 자신에게 살아갈 목적을 부여하는 것은 인간 본성이 지닌 선함이라고 말했다. 이런 철학적·도덕적 길잡이가 없었다면 그의 삶은 목적이 없는 삶이었을 것이다. 나는 그에게, 내가 하나님을 믿는 믿음도 그것과 좀 비슷하다고 대답했다. 하지만 그는 웃으며 고개를 저었다. "내게는 믿음이 필요하지 않습니다"라고 그는 내게 말했다. 나는 내 말이 예의에 어긋나지도 않고 그의 마음을 상하게 하지도 않길 바라면서, 사실은 그도 분명히 **믿음을 갖고 있다**고 지적했다. 그가 한 말이 좋은지 나쁜지를 떠나서, 분명히 그도 인간 본성이 선하다는 믿음을 갖고 있었다. 나는 그가 가진 믿음이, 내가 그와 공유할 수 없는 느낌이 드는 믿음이라고 말했다. 그리고 왜 그런지 이유를 설명했다. 나는 인간 본성이란 것이 대단히 모호함을 지적하면서, 인간이 서로 상대방에게 가하는 공포스러운 일들, 아우슈비츠와 핵무기를 이야기했다. 인간 본성이 선하다는 믿음에 동의할 수 없는 증거가 너무 많았다. 어쩌면 우리는 선을 행할 수 있을지도 모른다. 그러나 동시에 우리는 악도 행할 수 있는 것 같다. 나는 인간 본성이 선하다고 믿는 그의 믿음을 공유할 수 없었다. 그의 믿음은 증거와 일치하지 않았다.

내 이야기를 듣던 친구—나는 그를 친구라 부를 수 있길 바란다—는 낯빛이 어두워졌다. 우리는 좀더 이야기를 나눴다. 나는 나를 포함해서 다른 많은 이들이 민주주의가 파시즘보다 훌륭하고, 자유가 억압보다 낫다고 믿는다는 것을 지적했다. 민주주의와 자유는 열렬하고 심오한 도덕적 신념들이다. 그러나 그것들이 참이라는 것은 증명할 수가 없다. 그렇기 때문에 내가 그런 신념을 가지는 것이 그르냐고, 나는 친구에게 물었다. 그는 아니라고 대답하면서, 그 자신도 민주주의와 자유를 믿는다고 덧붙였다. 헤어질 때 나는 그에게 삶에서 정말 중요한 것들이 결국은 믿음의 대상이 된다는 생각을 피력했다. 그런 것들은 증명할 수 없다. 그런데도 우리는 그것들을 계속 믿을 수 있으며, 그것들을 믿어도 전혀 허물이 아니다. 그것이 세상 이치다. 우리가 헤어질 때 그가 내게 한 마지막 말은 간단했다. "생각 좀 해봐야겠네요."

새로운 무신론은 요상한 특징들을 갖고 있는데, 그 중 하나가 무신론자들도 신념을 갖고 있다는 주장을 싫어한다는 것이다. 그러나 우리는 믿는 것들을 갖고 있다. 그게 우리 현실이다. 믿는 것이 본디 인간이다. 그렇다 해도 우리는 어떤 신념이 가장 신뢰할 수 있는 믿음인지 밝혀내려는 일을 멈추지 않는다. 그렇다면 우리는 사물들을 어떻게 이해하는가? 또 우리가 가장 훌륭한 평가 기준을 찾을 때는 어떤 식으로 신뢰할 수 있는 판단에 이르는가? 우리는 이것을 다음 장에서 더 상세히 탐구해보겠다.

과학은 의미를 설명하는 것이다. 자연과학은 자연계 안에 있는 패
턴들을 밝혀낸 뒤 이런 패턴들을 설명해줄 수 있는 더 심오한 구조
들을 찾아내려고 애쓴다.

> 자연철학의 특징은 이해 가능성(intelligibility)을 강조하는 것이다. 자연
> 철학은 자연 현상들을 보고 그 현상들을 논리정연한 통일성을 지닌
> 방법들, 옳게 보이는 개념들과 가정들, 이치에 맞는 개념들과 가정들
> 에 의존하는 방법을 통해 설명하려고 노력한다.[1]

헝가리 화학자로서 훗날 과학적 방법이 지닌 철학적 함의와 결과들
을 탐구하는 길로 나아갔던 마이클 폴라니는 역동성 넘치는 과학계

의 노력을 다음과 같은 말로 깔끔하게 요약한다. "우리가 가진 실마리들이 가리키는 어떤 감춰진 실재가 있음을 깨닫는 것이, 우리를 이끌어 발견을 추구하게 한다."[2]

우리는 실재의 겉에 드러난 사물들을 관찰하고 이 사물들의 더 깊숙한 곳에 자리한 구조들을 알아내려고 노력한다. 과학의 위대한 개척자라 불리는 아이작 뉴턴은 사과나무에서 사과가 떨어지는 것처럼, 지구 위에서 벌어지는 물체의 움직임과 태양 주위를 공전하는 행성 운동의 배후에는 어떤 공통된 "감춰진 실재"가 있음을 깨달았다. 뉴턴은 눈에 보이지도 않고 만질 수도 없으며 감춰져 있는 이 실재를 "인력"이라 불렀지만, 이 개념이 정말 맞는 것인지 전혀 확신하지 못했다. 만물에 관한 뉴턴의 설명은, 그 설명이 제시하는 대답만큼이나 많은 의문을 불러일으키는 것 같았다. 역사가 기록하듯이, 많은 이들이 눈에 보이지 않고 만질 수도 없으며 관찰할 수도 없는 힘이 존재한다는 이런 생각을 거부하며 야유를 퍼부었다. 그러나 뉴턴은 바로 이 힘이 자신이 관찰한 바를 가장 잘 설명해주는 길이라는 점을 분명하게 밝혔다. 지금은 인력의 존재를 과학적 세계관이라는 내용물의 일부를 이루는 것으로 당연하게 받아들인다.

따라서 과학은 폴라니의 표현처럼, "우리가 가진 실마리들이 가리키는 어떤 감춰진 실재"를 탐구하는 것으로 생각할 수 있다. 여기서 "실마리"라는 말을 썼다는 사실이 아주 중요하다. 이 말은 곧 우리 지식에 어느 정도 불확실한 부분이 있음을 가리키기 때문이다.

우리는 어떤 것들을 관찰한다. 그러나 그것들은 무엇을 의미하는가? C. S. 루이스(Clive S. Lewis, 1898-1963)가 옳고 그름을 아는 인간의 지각과 같은 것을 "우주의 의미를 푸는 열쇠들"로 묘사한 것은 유명하다. 이런 "실마리들"은 고해상도를 지닌 것이 아니라, 그것들이 가리키는 바를 넌지시 희미하게 알려줄 뿐이다. 그러나 이런 실마리들이 쌓이면 종종 집약된 지식이 되어, 일부 증거라고 불리는 것이 가진 힘을 능가하기도 한다.

과학적 설명은 우리가 세계를 관찰하고 경험한 바를 설명해주는 "감춰진 실재", 더 심오한 구조를 찾는 탐구라고 생각할 수 있다. 그렇다면 이 더 심오한 구조는 어떤 사물을 어떻게 설명할 수 있을까? 통례적으로 과학철학에서는 과학적 설명을 다음과 같이 크게 세 가지로 이해한다.

1. 원인들을 밝힘으로써 행하는 원인 설명.[3]
2. "가장 훌륭한 설명", 즉 우리가 관찰한 바를 가장 많이 이해할 수 있도록 하는 설명을 밝혀내는 것.[4]

3. "설명의 통합", 즉 한때 서로 무관하다고 생각했던 사건들을 하나로 묶어줄 공통된 구조를 세우는 것.[5]

우리는 이 접근법들을 하나씩 좀 더 상세하게 탐구해보고, 이 접근법들이 사물의 의미를 이해하려는 인간의 탐구를 어떻게 설명하는지 살펴보겠다.

1. 원인 설명

가장 익숙한 설명 유형은 원인을 설명하는 것이다. A가 B의 원인이라면, A는 B를 설명해준다. 이는 모든 사람이 익히 아는 개념이다. 만일 내가 이웃집 유리창에 단단한 공을 던져 그 유리창이 깨졌다면, 내가 한 행동은 유리창이 깨진 이유를 설명해준다. 원인 설명은 과학에서 큰 역할을 한다. 지금 지구 온난화와 관련하여 격렬하게 벌어지고 있는 토론에서 핵심 문제는, 사람들이 온실 가스를 만들어내어 환경 변화를 일으켰는가라는 것이다. 만일 지구가 점점 더워지고 있다면, 이는 어떻게 설명해야 하는가? 이런 추세를 돌이키는 것은 관두고라도 막아내기라도 하려면 지구 온난화를 일으킨 원인을 밝혀내는 것이 필수 불가결하다.

자, 그렇다면 더 어려운 문제들은 어떻게 할 것인가? 가령 우리는 우주의 기원을 어떻게 설명해야 하는가? 무언가가 혹은 누군가가 우주를 존재하도록 한 것인가? 우주는 영원하다고 생각하는 것이 훨씬 이전의 과학이 지닌 특징이었다. 그러나 지금 사람들은 대체로 이런 오래된 생각을 버렸다. 우주에 시작이 있었음을 알려주는 증거가 점점 늘어나고 있기 때문이다. 20세기에 우주의 기원 및 발전과 관련한 우리의 이해에는 극적인 변화들이 일어났다.[6] 우주는 정지 상태에 있다는 가설이 20세기의 첫 20년을 지배했다. 그러나 1920년대에 우주가 실은 팽창하고 있음을 일러주는 증거가 나타나기 시작했다. 이때까지만 해도 사람들은 대체로 밤하늘에서 관찰할 수 있는 성운들―가령 안드로메다의 M31이나 오리온의 M42―이 은하수, 곧 우리 태양계가 들어 있는 은하의 일부라고 추정했다(그러나 모든 사람이 그렇게 추정한 것은 아니다). 하지만 에드윈 허블(Edwin Hubble, 1889-1953)이 캘리포니아 산가브리엘 산맥 꼭대기인 윌슨 산 천문대에 새로 설치된 100인치 망원경으로 관찰한 결과들을 근거로, 이런 관찰 대상들이 실은 별개 은하들이며 우리가 속한 은하로부터 아주 멀리 떨어져 있다는 주장을 내놓았다. 허블은 스펙트럼에서 이 성운들이 보이는 적색이동들(spectral redshifts)을 더 깊이 연구하여 이를 토대로, 어떤 두 은하 사이의 거리가 멀어질수록 그 두 은하가 서로 멀어지는 속도도 더 빨라진다고 주장했다. 우주는 점점 더 빨리 팽창하고 있으며, 우주가 팽창을 멈추고 수축으로 돌아서는 일은 분명히 불가능했다.

　허블 시대만 해도 이런 주장은 받아들이기가 힘든 생각이었다.

이런 생각은 우주가 처음에는 틀림없이 아주 고밀도로 뭉쳐 있다가 그 상태로부터 발전해왔다고 주장하는 것처럼 보였기 때문이다. 다시 말해 이런 생각은 우주에 시작이 있음을 암시했다. 그러나 이런 생각은 단지 일개 주장이었고, 관찰 결과들을 설명하는 일개 방법이었을 뿐이다. 별들을 관찰한 결과들은 분명히 다른 방법으로도 설명할 수 있었다. 이런 다른 설명 방법들 가운데 가장 유명한 것이 1948년에 나온 이론이다. 같은 해에 프레드 호일*을 위시한 일군의 학자들은 정상우주론(a steady state theory of the universe)을 전개했다. 이 이론은 우주가 팽창하고 있다 할지라도 우주에 어떤 시작이 있다고 말할 수는 없다고 주장했다. 다시 말해 우주 팽창 때문에 생겨난 빈 공간을 메우려고 끊임없이 물질들이 만들어지고 있다는 것이었다.

그러나 1960년대에 들어와 다른 견해들이 나타나기 시작했다. 이런 견해 변화가 일어난 주원인은 뉴저지 벨 연구소에서 일하던 아르노 펜지아스와 로버트 윌슨**이 우주배경복사(cosmic background radiation)를 발견했기 때문이다.[7] 연구 과정에서 이들은 몇 가지 어려움을 겪었다. 그들은 자신들이 안테나를 맞춘 방향과 상관없는 쪽에서 그들이 원하지 않았는데도 불쑥 끼어든 배경 소음을 우연히

---

* Fred Hoyle, 1915-2001. 영국의 천문학자. 우주에서는 어떤 물질이나 에너지가 소멸되어도 이를 대신할 물질이나 에너지가 새로 만들어져 그 자리를 메우기 때문에, 우주는 늘 변함없이 그 상태를 유지한다는 "정상우주론"을 주창했으며, "빅뱅"이라는 말을 처음 만들어 썼다.
** Arno Allan Penzias, 1933-. Robert Woodrow Wilson, 1936- . 둘은 이 우주배경복사 연구로 1978년 노벨 물리학상을 받았다.

건져 올렸던 것이다. 그들은 쉬쉬쉭 하는 소리를 내는 이 소음을 전혀 제거할 수 없었다.

이 성가신 배경 소음이 대단히 중요한 소리였음이 밝혀지는 것은 단지 시간 문제였다. 곧 이 성가신 소음은, 일찍이 1948년에 미국의 두 우주물리학자 랠프 알퍼(Ralph Asher Alpher, 1921-2007)와 로버트 허먼(Robert Herman, 1914-1997)이 주장했던 우주의 첫 폭발—뜨거운 빅뱅—이 남긴 "잔광"(殘光)이라고 이해되었다. 이 열복사(thermal radiation)는 그 출처는 알아낼 수 없지만, 절대온도 2.7K에서 우주 공간을 마음대로 돌아다는 광양자들에 해당하는 것이었다. 다른 증거들과 함께 고려할 경우, 이 배경복사는 우주에 시작이 있었다는 결론을 시사해주는 것일 수밖에 없다. 아울러 이 배경복사 때문에 경쟁 이론인 정상우주론은 몇 가지 심각한 난점들을 갖게 되었다.[8]

그 뒤로 우주를 설명하는 표준 모델의 기본 요소들이 분명하게 밝혀졌으며, 과학계에서도 그런 기본 요소들이 광범위한 지지를 확보하게 되었다. 이 모델에도 여전히 심각한 논쟁이 벌어지고 있는 영역들이 있다. 하지만 이제 사람들은 이 모델이 관찰된 증거와 가장 잘 조화를 이루는 설명을 제공한다는 데 널리 동의한다. 이제는 우주가 약 140억 년 전에 시작되어 그 뒤로 계속 팽창하면서 식어오고 있다는 가설이 믿어지는 것이다. 종종 "빅뱅"이라 일컬어지는 표준 우주 모델은 영원하지 않은 우주, 어떤 유한한 시점에서 무(無)로부터 존재하게 된 우주를 설명한다.[9] 그렇다면 무엇이 우주를 존재하게 했는가? 어쩌면 우주는 스스로 만들어졌거나 그냥 생겨났을지도 모른다. 아니면 우주는 어떤 존재—하나님 같은 분—가 창조했을지도 모른다. 우주가 무로부터(ex nihilo) 창조되었다는 기독교의 전통 교리는, 이 새로운 과학적 통찰 덕분에 다시금 활력을 되찾았다.[10] 존재하는 질서처럼 세계가 가진 특징들은, 이 세계가 신으로부터 비롯되었음을 나타내주는 것이 아닐까? 이 점은 뒤에 가서 다시 살펴볼 것이다.

이런 식의 과학적 설명 방법은 우주가 존재하게 된 연유를 설명하는 방편으로 하나님이 계셔야 함을 논증함으로써, 기독교 신앙이 이치에 합당하다는 것을 강조하는 데 쉽게 활용될 수 있다. 하나님의 존재를 논증하는 많은 전통적인 방법들은 하나님을, 일정한 의도를 가지고 어떤 현상들을 발생시키는 원인 제공자로 간주한다. 가령 종교철학자인 윌리엄 레인 크레이그(William Lane Craig, 1949-)는 하나님이 존재하심을 추론하면서, 다음과 같은 유형의 논증을 사용한다.

1. 철학과 과학에 비추어보아, 우주가 영원부터 있지 않았으며 우주가 존재하기 시작한 어떤 절대 시점(an absolute beginning)이 있다고 믿는 것에는 타당한 이유들이 있다.
2. 그러나 무언가가 무(無)로부터 생겨나 존재할 수는 없다.
3. 따라서 우주의 기원이 되는 어떤 초월적 원인이 있을 수밖에

없다. 그 원인이 하나님이시다.[11]

신의 존재를 부인하는 많은 우주과학자들은 애초부터 빅뱅 이론이 제시한 생각에 반대했다. 만일 어떤 시작이 있다면 틀림없이 그 시작이 있게 한 존재가 있으리라는 이유 때문이었다. 이런 결론을 이끌어내야 한다는 것은 거북스럽지만, 과학은 점점 더 이 결론 쪽을 가리키는 것 같다.

2. 가장 훌륭한 설명

두 번째 과학적 설명 방법은, 우리의 관찰 결과와 경험들에는 늘 다양한 해석이 있기 마련이라고 인정한다. 그렇다면 어느 해석이 가장 훌륭한가? 증거가 좋지 않아서 분명하고 확실한 결론에 충분히 이를 수 없을 때가 종종 있다. 그렇다고 이것이 곧 우리가 낙심한 채 두 손을 들어 항복하며, 그냥 모든 해석이 다 똑같이 좋다고(혹은 나쁘다고) 선언해야 한다는 뜻은 아니다. 예를 들어 찰스 다윈은 그가 주장한 자연선택설이 생물계에서 펼쳐지는 모습을 설명할 수 있는 몇몇 이론들 가운데 하나일 뿐임을 알고 있었다. 그의 이론은, 종(種)들이 시간이 흐르면서 점차 발전해왔다는 "진화론자"(transformist)의 사상과 경쟁을 벌이게 되었다.[12] 하지만 다윈은 여전히 자기 이론이 가장 훌륭한 설명이며, 결국에는 이 이론이 가장 훌륭하다는 점이 밝혀질 것이라고 선언한 자신의 견해가 정당하다고 믿었다.

그렇다면 경쟁 이론들은 어떻게 판단할 수 있을까? 어느 이론이 가장 훌륭한 설명인지 어떻게 결정할까? 여기서 핵심 개념은 "경험상 적합성"—어떤 이론이 우리가 실제로 관찰한 결과를 얼마나 잘 설명해주는지 나타내는 정도—이다. 이 이론은 경험하는 세계를 그대로 얼마나 잘 나타내주는가? 이론과 관찰 결과는 서로 얼마나 잘 들어맞는가? "가장 훌륭한" 설명이 우리가 관찰한 모든 결과를 설명해주지 못할 수도 있다. 그러나 가장 훌륭한 설명이라면 이 설명과 대립하는 다른 설명들보다 관찰 결과를 훨씬 더 많이, 더 설득력 있게 설명할 수 있어야 한다.

"가장 훌륭한 설명"이 늘 올바르다고 증명할 수는 없다. 그 설명을 우리가 이해할 수 있게 의미를 설명해주는 가장 훌륭한 방법으로 받아들이되, 오직 신뢰에 근거하여 받아들여야 할 때가 종종 있다. 따라서 과학은 어떤 동기가 일으킨 믿음 또는 믿을 만한 정당한 이유가 있는 믿음을 다룬다. 즉 과학은 우리가 참이라고 믿고 또 그 믿음이 정당하다고 믿는 것이지만, 이 내용을 완전히는 증명할 수 없다는 것이 알려진 어떤 것을 다룬다. 우리가 앞서 말했듯이, 다윈은 자신이 주장한 자연선택설이 증명할 수 없는 것임을 분명히 알았다. 그렇지만 이 이론은 여전히 관찰 결과를 가장 잘 설명해주는 이론이었으며, 그런 점에 비춰보면 이 이론을 옳다고 여기는 것도 당연지사였다. 다윈은 이렇게 썼다. "종들의 변화는 직접 증명할 수 없다. 그렇기 때문에 이 이론은, 현상들을 그룹으로 묶어주고 설명해주느냐에 따라 흥하든지 아니면 망하든지 할 수밖에 없다."[13] 다시 말해 우리는 어떤 이론이 세계의 의미를 얼마나 잘 설명해주는지 질문하면서 동시에, 그 이론과 경쟁하는 다른 이론들도 조심스럽게 살펴봐야 한다.

요컨대 "가장 훌륭한" 설명이라도 가장 이치에 맞거나 가장 상식에 부합하는 설명이 아닐 수 있다. 과학자들은 이치에 부합하는 것들을 미리 내놓지는 않는다. 과학자들은, 자연계가 상식이 예상하거나 예견했던 것과 정반대 모습을 보여주는 경우를 거듭해서 발견했다. 과학이 인간이 생각하는 합리성에 억지로 따라야 한다면, 그런 과학은 실패하고 말 것이다. 양자이론은, 과학 영역이 인간 이성에 공공연히 반기를 드는 것처럼 보이는 고전적 사례라고 할 수 있다. 양자이론이 양자 세계를 설명하는 내용은 인간의 직관과 완전히 상충하는 것처럼 보인다. "과학자가 던져야 할 본능적 질문은, 합리성이란 것이 어떤 형상을 가져야 할지 미리 알고 있는 것처럼 굴면서 '그것은 합리적인가?'라고 묻는 것이 아니라, '당신은 왜 이것이 옳을 수도 있다고 생각하는가?'라고 묻는 것이다."[14] 과학은 **믿을 만한 정당한 이유가 있는** 믿음을 다루지, **이성에 합치하는** 믿음을 다루지 않는다. 과학의 역사는, 자연이 가진 더 깊은 구조와 관련해서 실제로 발견된 것들에 비추어 "합리성"이라는 개념을 재조정해 온 역사다.

3. 설명의 통합

과학적 설명에 다가가는 셋째 방법은 "통합"이라는 개념을 근거로 삼고 있다. 이 접근법은 이전에는 서로 무관하다고 생각했던 개념들을 서로 연계함으로써, 이제는 이 개념들을 동일한 큰 그림의 다른 측면들로 볼 수 있게 해준다. 스코틀랜드 출신 물리학자인 제임스 클러크 맥스웰(James Clerk Maxwell, 1831-1879)의 글을 보면, 이를 잘 보여주는 사례를 발견할 수 있다. 1815년, 맥스웰은 전기와 자력(磁力)을 통합한 이론서를 펴냈다. 이 이론은 전기와 자력이 동일한 동전의 양면과 같음을 설명해 보인다. 이렇게 설명을 통합한 사례는 데카르트가 대수학과 기하학을 통합한 경우, 아이작 뉴턴이 땅과 하늘의 움직임을 다룬 이론들을 통합한 경우, 아인슈타인이 여러 물리학을 통합한 경우에서도 볼 수 있다. 통합을 이루려는 모든 시도가 성공을 거두지는 못했다. 가령 양자이론과 상대성이론의 통합 시도는 오래전에 시작되었지만 여전히 달성하기에 먼 목표로 남아 있다.

저 유명한 "만물 이론"* 탐구도 설명의 통합이라는 접근법에 해당하는 또 한 가지 고전적 사례로 볼 수 있다. 이 이론은, 일단 발견

---

* Theory of everything. 물리학에서 전자기력, 강력, 약력, 중력을 통합하여 설명해보려는 이론이다.

되기만 하면(물론 일부 사람들은 이 이론이 우리의 능력으로 도달할 수 없는 것이라고 믿는다), 다른 모든 이론을 깔끔하게 제자리에 끼워 맞춰줄 의미 체계를 제공해줄 것으로 보인다. 통합 설명은 만물이 적절한 관계를 유지하며 존재함을 알게 해줄 큰 그림, 커다란 지도를 찾는 것이다.

이렇게 과학적 설명을 시도하는 접근법에서는 이론의 전경(theoretical panoramas)이 가지는 신뢰성과 포용력이 큰 문제가 된다. 실재를 다룬 이론으로서 한편으로는 관찰 결과를, 다른 한편으로는 성공을 거둔 기존 이론들을 설명해주는 이론은 무엇인가? 그런 이론이 우주와 관련해서 알려진 것들을 함께 엮어 짜주고 연결해준다면 얼마나 좋을까? 이런 통합된 세계 이해는 **경제성**(가능한 한 적은 가설들을 세움)과 **포괄성**(우리가 세계와 관련해서 알고 있는 것들을 가능한 한 많이 포괄함)을 그 목표로 삼는다.

과학적 이해에 다가가는 위의 세 가지 접근법은 서로 모순되지 않는다. 각각의 접근법이 제시하는 강조점에는 미묘한 차이가 있긴 하지만, 그래도 이들 사이에는 분명히 겹치는 부분이 있다. 가령 모든 설명이 인과관계(원인)를 밝히는 설명이 아님을 깨닫는 것이 중요하다. 더욱이 설명 과정은 종종 거꾸로 거슬러 올라가서, 만물을 살살이 설명해주는 궁극의 설명이 있는가, 아니면 무한한 사슬처럼 이어지는 설명들이 있는가라는 문제로 이어진다. 만물 이론이나 커다란 통일 이론을 찾아내려 하는 것은, 모든 설명을 포괄하는 설명을 제시하려는 시도라 할 수 있다. 이런 시도는 실재를 가능한 한 빠

짐없이 망라하고 그것들을 통합해서 이해해보려는 욕구에서 나온 것이다.

하지만 근래에 들어와 과학이 자신이 대답할 수 없는 질문들을 제시하고 있다는 사실은 점점 분명해지고 있다. 과학이 제시하는 질문들은 과학적 세계 이해에서 나온 것이지만, 이런 질문들은 과학 자체를 뛰어넘어 그 너머에 있는 것을 우리에게 지시하면서, 더 심오한 수준에 이르러야 이해할 수 있는 것이 존재함을 일러주는 듯하다. 과학 너머에 있는 것으로서, 우리로 하여금 과학의 성공과 한계를 이해할 수 있도록 도와주는 것이 있을까? 인간 존재에 얽힌 수수께끼와 난제들이 해답을 찾을 수 있는, 더 심오한 사물의 질서가 과연 존재할까?

앞으로 이 책에서는 한 가지 대답을 탐구해볼 것이다. 캐나다의 탁월한 철학자 버나드 로너건(Bernard Lonergan, 1904~1984)이 쓴 다음과 같은 문장은, 이 대답에 대해 아름답게 귀띔해준다. "하나님은 제약을 받지 않으시는 이해 행위요, 아르키메데스가 외친 휴레카°와 같은 모든 외침이 살짝 맛 보여주는 영원한 기쁨이시다."°° 15 하지만 그러기 전에 우리는 이런 생각을 일체 부인하는 근래의 사상운동,

---

° *Eureka*. 보통 "유레카"라고 읽으나 "휴레카"가 맞다. "알다"라는 뜻을 가진 그리스어 동사 "호라오"의 1인칭 단수 완료형으로서 "알았다!"라는 뜻이다.
°° "God is the unrestricted act of understanding, the eternal rapture glimpsed in every Archimedean cry of *Eureka*."

거의 일종의 원리처럼 행세하고 있는 "새로운 무신론"(New Atheism)에
대해 먼저 살펴봐야 한다.

새로운 무신론은 2006년부터 2007년 사이에 극적으로 등장하여 베스트셀러 목록의 첫 자리를 차지했다. 그런가 하면 공적 영역에서는, 신앙의 합리적 근거 및 이 시대의 삶 속에서 종교가 차지하는 위치라는 문제를 놓고 거대하고 때로는 엄청난 긴장을 야기하는 논쟁을 불러일으켰다. 이 운동을 이끄는 대표자들인 리처드 도킨스, 샘 해리스(Sam Harris, 1967-, 미국의 생물학자), 대니얼 데닛(Daniel Dennett, 1942-, 미국의 철학자·인지과학자), 크리스토퍼 히친스는 종교를 과감하고 신랄하게 공격한다.[1] 어니스트 헤밍웨이의 소설 『무기여 잘 있거라』에 나오는 이탈리아 육군 소령 리날디처럼, 그들도 "생각이 있는 사람은 모두 무신론자"[2]라고 완강하게 주장한다. 새로운 무신론은 엄격한 증거 분석에 취약하여 종종 의견을 사실인 것처럼 강변하기도 하지만, 구사하는 수사만큼은 탁월하다. 이 무신론은 종교를 본질과 특성 면에서 위험하고 유해하며 사악한 것으로 묘사한다. 그래도 종교에는 이런 점들을 만회할 특징이 한두 가지는 있을 법한데, 이 새로운 무신론은 그런 것조차도 인정하지 않는다. 종교를 공격하고 경멸하는 이런 접근법은 서양 문화 속에 존재하는 수많은 세속주의자들이 가진 두려움과 깊이 공명(共鳴)하는 것이지만, 이 공명은 어쩌면 합리성과 거리가 먼 수준일지도 모른다. 모든 종교 신자들 속에는 테러리스트로 돌변할 수 있는 존재가 숨어 있으며, 종교를 없애버리면 세계는 더 안전한 곳이 되리라는 것이 이 무신론자들의 생각이다.

이런 맹렬한 분노는 어디서부터 생겨난 것일까? 근자에 훌륭한 세속주의자들이 예견했던 대로 서양에서 소멸되어가는 종교를 향한 거부감도 그 이유를 일부 설명해준다. 내가 자랐던 1960년대로 거슬러 올라가보면, 종교는 소멸 중이라는 것이 그 시대가 받아들인 지혜였다. 종교는 한때 사회에 영향을 끼쳤으나, 이제는 사라질 날만 헤아리는 처지가 되었다. 신뢰할 만한 세계관이었던 종교는 "시간이 되면 폭발해버릴 꿈"(매튜 아놀드)이었다. 특히 미국에서 종교가 끈질기게 생명을 이어가고 영향을 미치는 현상은, 무신론자와 세속주의자들을 놀라게 했다. 이런 관심사를 볼 수 있는 좋은 사례가, 2006년에 반(反)종교 작가인 이언 매큐언(Ian Russell McEwan, 1948-, 영국의 소설가·극작가)이 리처드 도킨스의 『이기적 유전자』(을유문화사 역간)

출간 30주년을 기념하여 한 짧은 연설이다.[3] 매큐언은 종교가 되살아나는 현상에 대해 느끼는 놀람과 낙심을 이야기하면서 하루 빨리 종교를 종교에게 적합한 자리로 되돌려놓아야 한다고 주장한다. 매큐언이 보기에 종교에게 적합한 자리란, 숫기 없는 개인들의 은밀한 생각 속, 곧 모든 공적 마당으로부터 안전하게 차단된 장소라는 것이다.

나도 과거에는 같은 생각을 하곤 했다. 1960년대 말, 자아도취에 빠진 세속주의라는 격랑이 서유럽과 북미를 휩쓸었다. 1966년 4월, 「타임」의 표지 기사는 하나님의 죽음이었다. 사회학자들은 새로운 세속주의 시대가 동터오고 있다고 예언하면서, 이 시대에는 하나님을 믿는 믿음이 소멸되고 그 자리를 마르크스주의 같은 세속 이데올로기들이 차지할 것이라고 예언했다. 종교를 향한 반감의 물결이 서양 문화의 표면을 휩쓸었다. 평론가요 소설가인 톰 울프*는, 1968년 샌프란시스코에서 겪은 자기 체험을 바탕으로 쓴 에세이 "위대한 복습"(The Great Relearning)에서 이런 문화적 분위기를 잘 살려놓고 있다. 그 시절에는 불만의 광기가 난무하는 가운데 모든 것을 제거하고 원점에서 다시 건설해야 했다.[4] 과거에는 만물을 이렇게 새로 창조하는 것처럼 재건하는 일이 불가능했다. 하지만 그때

---

* Thomas Kennerly Wolfe, 1931-. 미국의 소설가·언론인으로 소위 뉴저널리즘의 창시자 중 한 사람이다.

는 그 순간을 꽉 붙잡고 과거와 철저히 단절해야 했다! 종교는 인류
가 지닌 도덕의 파편, 기껏해야 실생활과 무관한 것, 심지어 인류를
속이고 미혹하여 그의 노예로 만들어버린 사악한 세력으로서 말끔
히 제거해버려야 할 대상이었다.

바로 이것이 1960년대 말의 문화적 분위기였다. 나 역시도 이
런 분위기에 동조했다. 우리 모두는 어떤 식으로든 역사의 커다란
이야기와 자신이 연결되어 있다고 느끼기를 좋아한다. 나도 스스로
를 종교에 반기를 든 선구자들 가운데 하나로 여기게 되었다. 당시
마르크스주의는 서유럽 사회 대부분을 지배하는 문화적 공기 속에
서 산소 역할을 했으며, 이런 현상은 심지어 나의 고향인 북아일랜
드에서도 마찬가지였다. 하지만 내게는 마르크스주의자들의 종교
비판을 대신하는 동시에 그것만큼 강력하고 설득력 있는 도구가 있
었다. 바로 그것은 과학의 눈으로 실재를 바라보는 관점이었다.

과학은 모든 것을 설명해주었다. 과학은 이전에 하나님이 차지
했던 개념 공간을 집어삼키고, 그 자리를 과학적 방법이 추구하는
분별 있고 냉철한 합리주의로 바꿔놓았다. 오직 과학이 내건 주장
들만이 의미가 있었다. 과학의 범주 밖에 있는 것은 아무리 이해할
수 있는 것이라도 그저 미신이요 미망일 뿐이었다. 나는 과학만이
내 지성과 도덕이 경주하는 노력을 인도해주는 영롱한 길잡이별이
요, 실재 및 만물의 질서에 대해 유일하게 신뢰할 만한 지식을 얻게
해주는 길이라고 믿었다. 무신론은 내 신앙고백이었고 과학은 그

신앙고백의 토대였다.

나는 장학금을 받고 옥스퍼드 대학교에 들어가 화학을 공부하게 되었다. 이 일 자체도 대단히 흡족했지만, 동시에 이 기회는 나의 무신론을 공고히 다지고 확장할 수 있는 시간이라고 느껴졌다. 하지만 옥스퍼드 진학을 준비하는 기간 동안 나는 과학사와 과학철학을 다룬 책들을 읽기 시작했고, 곧 이것이 불 세례임이 밝혀졌다. 이 독서로부터 나의 신념을 뿌리부터 강타하는 생각들이 급습해왔던 것이다. 나는 데이터에 근거한 이론도 백 퍼센트 확실하지 않으며 과학사에도 급격한 이론 변화가 있었음을 알게 되었다. 또한 "결정적 실험"을 고안하면서 생겨나는 난제들과, 이미 주어진 관찰 결과를 가장 훌륭하게 설명해주는 이론이 무엇인지를 결정하는 것과 연관된 엄청나게 복잡한 문제들과 직면해야 했다.

이리하여 내 마음에는 의심의 씨앗이 뿌려졌다. 내 무신론은 정녕 과학에 적합한 영역을 오해하는 바람에, 혹은 과학이 내세우는 주장의 본질을 오해하는 바람에 생겨난 논리의 오류에 불과했을까? 그런 생각이 나를 심히 뒤흔들어놓았기에 나는 그런 생각을 하지 않으려고 무진 애를 썼다. 중요한 의미를 지닌 자기만의 세계가 그토록 심하게 방해받는 것을 좋아할 이는 아무도 없다. 나는 이런 근심거리를 지금도 도킨스가 하고 있는 것과 똑같은 방법으로—무지하고 비과학적인 방법으로 "진리를 조롱함으로써"[5]—물리치려고 시도했다. 그러나 내 의심은 사라지지 않았다.

옥스퍼드에 입학한 나는 이런 문제들을 제대로 파고들어 내 마음에 쉼을 안겨주기로 결심했다. 나는 내가 믿는 무신론을 더 공고히 다진다면, 이런 지적 혼란도 물리칠 수 있으리라고 생각했다. 나는 이런 의문에 마침표를 찍음으로써 더 중요한 것들을 다룰 수 있게 되길 원했다. 하지만 새롭게 깨닫게 된 것은, 내가 기독교는 혹독히 비판하면서도 정작 무신론에 대해서는 엄격한 비평을 하지 않았다는 사실, 그러면서 짐짓 무신론은 당연히 옳은 것이기에 그런 엄한 비평을 받아서는 안 된다는 생각을 했다는 사실이었다. 1971년 10월과 11월에 나는, 무신론을 내세우는 지식인들의 주장이 내가 믿었던 것보다 그다지 튼실하지 않음을 발견하기 시작했다. 무신론의 주장은 당연히 진리이기는커녕 상당히 불안한 근거들을 바탕으로 삼고 있는 것 같았다. 반면 기독교는 지적 측면에서 내가 생각했던 것보다 훨씬 더 튼튼하다는 것이 드러났다.

결국 나는, 이전에 실재를 사실대로 말해주는 것이라고 믿어지던 무신론도 사실은 일종의 신념 체계라는 것을 깨달았다. 마침내 나는 한 신앙에 등을 돌리고 다른 신앙을 받아들였다. 나는 그 자신 역시 일종의 신앙임을 부인하려 하는 신념 체계를 떠나, 자신의 위치와 관련하여 아주 솔직하고 개방적인 자세를 가진 다른 신앙을 받아들인 것이다. 내 회심은 자유로운 생각에 따른 행위였다. 나는 사물들을 가장 잘 설명해줄 방법을 발견했다고 믿었다. 오늘날도 나는 그 견해를 그대로 지니고 있다. 지금이야 기독교에 감성과 상상과 윤리의 차원이 있음을 인식하고 있지만, 당시만 해도 이런 차원은 앞으로 내가 더 발견해야 할 영역이었다. 하지만 지금도 계속해서 나는 신앙의 차원 중 "의미를 설명해주는"(sense-making) 차원이 대단히 중요하고 핵심적이라고 본다.

이런 단계를 거친 후인 2006년과 2007년, 새로운 무신론을 이끌던 저작들을 처음 읽었을 때 내가 보인 반응은 깊은 향수(鄕愁) 같은 것이었다. 종교가 저지른 악과 신앙이 안겨주는 망상을 대담하고 과감하게, 그리고 경멸하는 태도로 폭로한 글을 읽으며 나는 웃음 짓고 있는 자신을 발견했다. 그 저작들을 읽으면서 나는 내 젊은 시절을 떠올렸다. 그때는 나도 같은 신념을 가졌으며 이 신념에서 비롯된 오만함을 공유했었다. 어쨌든 내가 가장 흥미를 느꼈던 부분은, 이 새로운 무신론을 표방하는 저술가들 가운데 자연과학을 그들의 무신론 변증의 핵심 요소로 내세운 이들이 아주 많았다는 점이었다.

자주 새로운 무신론은 자연과학을 신뢰할 만한 진리의 유일한 근거로 내세우며, 이 자연과학에 호소하는 수사(修辭)를 구사한다(이제는 이런 견해가 "과학만능주의"[scientism]로 널리 알려져 있다).[6] 동시에 종교적 믿음에 대해서는 증거도 없는 미신이라 하여 그것을 거부한다. 새로운 무신론의 견해에 따르면, 과학은 신앙에 헌신하는 일을 결코 요구하지 않는다. 사실 이 견해가 진리를 강조하는 것은 신앙을 원수로 대함을 의미한다. 과학적 방법에서 믿음에 근거한 판단들이 했

던 중요한 역할은 말 그대로 말끔하
게 제거되었다.[7] 이 주제는 물론 해
리스와 히친스의 저작 속에서도 수
사학적으로 되울려 퍼지고 있지만,
이것이 가장 완전하게 이루어진 것
은 도킨스와 데닛의 저작에서다.

훙미로운 것은 도킨스와 데닛
이 과학과 종교가 영원히 전투 상태
에 있다는 진부한 관념―종종 "전
쟁"이론으로 불리기도 하는 생각―
을 여전히 굳건하게 지키고 있다

는 점이다. 지금 과학사가(科學史家)들은 이런 관념을 도저히 받아들
일 수 없는 것으로 치부한다. 왜냐하면 이런 관념과 역사적 사실들
을 조화시키기가 매우 어렵기 때문이다.[8] 바로 이 지점이 "새로운
무신론"이 현대 학문과 심각한 부조화를 빚는 많은 지점 중 하나다.
과학과 종교가 영원히 전투 상태에 있다는 생각은 19세기 말에 높
은 인기를 누렸는데, 이는 주로 사회학적 이유 때문이었다. 대중 매
체에서는 과학과 종교가 전투 상태에 있다는 생각이 여전히 이어
지고 있지만, 역사 속에서 과학과 종교가 주고받은 상호작용에 관
한 우리 지식이 늘어나면서 학계에서는 이런 생각이 지지대를 잃어
버렸다. 그러나 도킨스는 지금도 확고부동하게 이 진부한 전쟁 모

델을 고집하고 있는 것이다. 도킨스가 아주 어리석고 도저히 변호해줄 수 없는 몇몇 판단에 이른 것도 바로 같은 이유 때문이다. 그가 내린 가장 어리석은 판단들 가운데 하나는 과학과 종교의 관계를 좋은 쪽으로 발전시켜가는 과학자들을, 아돌프 히틀러를 달래며 유화책을 펼치려 했던 영국 수상 네빌 체임벌린˚에 비유할 수 있다는 우스꽝스러운 착상이다.[9] 이는 기괴한 주장이며, 요 근래 도킨스가 창조론이 지적·도덕적 측면에서 타락했다며 창조론을 홀로코스트(유대인 대학살)를 부인하는 것에 비유할 수 있다고 강변한 것과 매일반이다.[10] 이런 주장이 조롱받는 것을 보면, 사람들의 눈에도 이 새로운 무신론이 주위의 실제 세계와 담을 쌓고 판타지 세계에 틀어박힌 것처럼 보인다는 사실을 알 수 있다.

　도킨스와 데닛이 전개한 중심 주제 가운데 하나는 다윈주의가 보편성을 가진 이론이요, 이 이론이 생물학 영역을 뛰어넘어 훨씬 더 많은 것을 설명해줄 수 있다는 것이다. 이 두 학자는 종교도 다윈주의 맥락 안에서 설명할 수 있다고 주장한다. 그들은 종교를 "우연히 생겨난 부산물"이나 "뭔가 쓸모 있는 것이 잘못 발사된 것"(misfiring of something useful)으로 쉽게 이해할 수 있다고 본다.[11] 그렇

˚ Neville Chamberlain, 1869-1940. 1937년부터 1940년까지 영국 총리를 지냈던 정치인. 1938년 뮌헨에서 열린 영·불·독·이 4개국 수뇌회담에서, 나치 독일이 체코의 주데텐 지방을 차지하는 것을 묵인하는 등, 독일의 히틀러에게 순진한 유화책을 펴서 유럽 평화를 이루려고 했으나, 결국 히틀러와 무솔리니가 침략 전쟁을 일으킬 기회만 만들어주고 말았다는 비판을 받았다.

다면 도킨스는 왜 종교를 다윈주의 모델의 관점에서 설명할 수 있다고 믿을까? 도킨스의 분석은 그가 제임스 프레이저 경(Sir James George Frazer, 1854-1941)의 『황금가지』(을유문화사 역간)—1890년에 처음 출간되어 일찍이 인류학 분야에 대단히 깊은 인상을 남긴 작품—에서 발견한 종교의 "일반 원리들"을 근거로 삼고 있다. 얼른 봐도 이것은 아주 당혹스러운 전략인 것 같다. 도킨스는 왜 종교의 기원에 관한 이론을 전개하면서, 나온 지 한 세기가 훨씬 지나 이제는 대다수 사람들이 신뢰하지도 않는 핵심 가설들에 그토록 전적으로 의존하려는 것일까? 그의 속내는 과거로 되돌아가 과거에 의지하기보다 오히려 시대 흐름을 따라가는 것들을 원용하여, 낡고 사람들이 신뢰하지도 않는 접근법들을 파헤쳐보려는 것이 아닐까?

도킨스가 프레이저의 종교 이론을 의지하여 그의 주장을 펼친다는 것은 금세 분명하게 드러나는 사실이다. 프레이저는 종교를 보편성을 지닌 어떤 한 특징으로 환원할 수 있다고 역설했는데, 이는 도킨스가 다윈주의에 의지하여 종교를 설명할 수 있도록 하는 문을 열어놓았다. 프레이저의 주장은 종교를 보편적 특징들을 지닌 것으로 제시함으로써 다윈주의식 분석이 등장할 길을 열어놓았으며, 또한 이를 통해 환원주의식 설명이 등장할 길을 열었다고 할 수 있다. "종(種)들이 가진 보편적 특징들은 다윈주의로 설명할 수밖에 없다."[12]

이제 대다수 인류학자들은 프레이저를, 종교를 어떤 방식으로 연구해서는 **안 되는지** 보여주는 사례로 인용한다. 종교는, 도킨스가 선호하는 접근법이 요구하는 "보편적 특징들"을 보여주지 않는다. 빅토리아 시대 후기에 나온 종교인류학 저술들은, 종교가 보편적 특징들을 보여준다는 것을 공리처럼 여기는 오류를 범했다. 프레이저는 전략상 "인간이 가진 주된 욕구들은 언제나 어디서나 본질상 유사하다"라고 가정했는데, 이런 그의 가설은 도킨스가 내건 반(反)종교 강령에는 들어맞았을지 모르지만, 사실들에는 들어맞지 않는다.

『만들어진 신』(김영사 역간)이 21세기에 종교에 반대하는 주장을 내걸면서, 이제는 폐기된 19세기 가설들을 근거로 삼았다는 사실이 처음에는 당혹스러울 수 있다.[13] 하지만 애처롭게도 그 이유는 금방 분명하게 드러난다. 주의를 기울여 "종교"를 정의하지만, 도킨스의 분석이 의존하는 단순한 개념들에는 그 "종교" 개념이 들어맞지 않음이 드러나기 때문이다. 분명히 종교는 미국의 철학자 도널드 브라운(Donald E. Brown)이 "내용이 가지는 보편성"보다는 "분류가 가지는 보편성"(universals of classification)이라고 부른 것에 속한다.[14] "내용이 가지는 보편성"은 핵심 신념들을 공유하는 반면, "분류가 가지는 보편성"은 공통된 패턴들을 공유하나 꼭 개개의 신념들을 공유하지는 않는다. 분류가 가지는 보편적 특징들은 그 경계들이 흐릿하며, 쉽게 식별할 수 있는 핵심 신념들을 갖고 있지 않다.

그러나 도킨스와 데닛은 자연과학이 형이상학적 신념, 특히 종교적 본질을 가진 형이상학적 신념을 배제한다고 믿으면서, 이런 신념이 결국은 허위라고 주장한다. 그러나 과학적 방법을 제대로 그리고 정당하게 적용한다면, 이런 방법은 종교를 상대로 중립성을 띠게 된다. 즉 종교가 이야기하는 신념들을 오로지 두둔만 하지도, 오로지 비판만 하지도 않는다. 분명히 과학적 방법은 무신론을 동반하지는 않는다. 때문에 과학을 종교에 대항하는 무기로 이용하려 하는 이들이 자신들의 주장을 더 설득력 있게 만들려면, 어떤 식으로든 그것을 보강해야만 한다. 그런 보강 방법 중 하나가 상대를 공격하는 수사법을 사용하여 자신의 주장을 부정확하다고 도전해 오는 이들에게 조롱을 퍼붓는 것이다. 또 다른 방법은 과학이 들려주는 내러티브를 다시 서술하여, 무신론에 근거한 전제들을 과학적 방법이 이야기하는 내러티브 속에 통합시키는 방법이다.

도킨스는 형이상학을 과학 속에 은밀히 들여와 중립적이고 종종 딱 부러진 결론이 나지 않는 과학 내러티브를 재차 서술하여, 이 내러티브로부터 무신론 입장을 고수하는 결론을 이끌어내는 데 능숙하다. 도킨스의 초기 주요 저작 중 하나인 『이기적 유전자』(1976) 중 한 대목만 살펴보면, 어떤 식으로 그가 무신론 입장에서 서술한 메타내러티브를 과학적 사물 묘사에 억지로 집어넣었는지 밝혀낼 수 있다. 이 책은 명백한 과학 내러티브 속에, 유전자들을 유전자 자신의 운명은 물론이요 그 주인들의 운명까지 통제하는 능동적 주체로 묘사하는 일종의 은밀한 형이상학을 덧붙여놓았다.

유전자들은 거대한 영토 안에, 장대하고 다루기 힘든 로봇들 안에 안전하게, 외부 세계와 단절된 채 떼로 모여 거주하면서, 구불구불하고 에두른 길들을 통해 외부 세계와 소통하고, 원격 조종으로 그 세계를 조종한다. 유전자들은 여러분과 내 안에 있다. 그것들이 우리를, 몸과 마음을 만들었다. 그것들을 보존하는 것이 우리가 존재하는 궁극의 이유다.[15]

이 본문은 완전히 변호할 수 있는 과학적 진술—"유전자들은 여러분과 내 안에 있다"—과 함께, 도저히 지지할 수 없는 형이상학적 강변들을 늘어놓고 있다. 예를 들어 이 본문은 우리에게 유전자들을 보존하는 것이 "우리가 존재하는 궁극의 이유"라고 말한다. 과학에 소양이 없는 사람이 이 글을 읽는다면, 그는 도킨스가 삶의 의미를 묻는 오래된 질문에 대답하고 있는 것으로 생각할지 모르겠다. 이 글을 읽어보면, 우리가 존재하는 이유는 우리 유전자들을 보존하기 위해서다.

하지만 이는 말 그대로 "유전자의 시각에서 바라본 것"을 제시한 것, 즉 과학의 관찰 결과를 가설과 형이상학에 근거하여 해석한 것일 뿐이다. 논쟁의 소지가 있지만, 이런 접근법이 정점에 이른 때는 1980년대 초였다.[16] 이 접근법은 유전자를, 인간을 포함한 생명체의 운명을 "조종하는" 주체로 볼 수 있는 능동적 통제자로 간주했다. 그러나 이 말 속에서 경험을 통해 확증된 사실은, 유전자들이

"여러분과 내 안에 있다"라는 부분에 불과하다. 나머지 부분은 억측일 뿐이다. 도킨스는 형이상학적 가설들을 마치 과학을 통해 확증된 사실인 것처럼 몰래 끌어들여 와 묘사해놓고 있다.

이제 옥스퍼드 대학교의 시스템 생물학자인 데니스 노블*이 같은 글을 다시 서술해놓은 것을 살펴보자. 노블은 도킨스가 쓴 글에서 과학에 비춰 유효하고 확증 가능한 부분은 그대로 유지한다. 그런 다음 도킨스가 공교한 솜씨로 써놓기는 했지만 노블 자신의 이데올로기와 상충하는 부분에서는, 도킨스가 한 말이 과학적이지 않음을 밝히고 그 말을 **뒤집어버린다.** 노블은, 도킨스가 유전자들을 능동적이라고 묘사해놓은 곳에서 이것들을 수동적으로 묘사하는 장난을 친다.

유전자들은 거대한 영토 안에 붙잡혀 있고, 대단히 지능이 높은 존재들 안에 갇혀 있으며, 외부 세계에 의해 만들어지면서, 복잡한 과정들을 통해 외부 세계와 소통한다. 이 복잡한 과정들을 통해 마치 마술에 걸린 것처럼 자기도 모르게 기능이 등장한다. 유전자들은 여러분과 내 안에 있다. 우리는 시스템이며 이 시스템은 유전자들의 암호가 해독되게 해준다. 유전자들이 보존되느냐는 우리가 우리 자신을 다시 만들어

---

* Denis Noble, 1936-. 시스템 생물학의 창시자 중 한 사람. 시스템 생물학은 생물체를 여러 과학을 통해 분석해야 알 수 있는 복합체로 보고 생물학뿐 아니라 물리학, 화학 등을 함께 동원하여 생물체를 탐구하는 학문이다.

낼 때 체험하는 기쁨에 온전히 달려 있다. 우리가 유전자들이 존재하는 궁극의 이유다.[17]

분명히 도킨스와 노블은 유전자들의 지위를 완전히 다른 식으로 표현한다. 두 사람은 제한된 똑같은 과학 정보를 완전히 다르게 해석하고 있다. 하지만 두 경우 모두 형이상학적 해석을, 경험을 진술하는 것과 같은 수준의 과학적 사실로서 제시한다. 여기서 중요한 것은 도킨스는 물론이요 노블도 옳을 수 없다는 점이다. 두 사람은 모두 관찰에서 나온 동일 진술을 그들이 한 말의 근거로 삼았지만, 서로 완전히 다른 형이상학적 가정을 들여와 과학적 진술 위에 얹어 놓았다.

이처럼 이들이 한 말은 "경험론의 관점에서 보면 동일"(empirically equivalent)하여, 둘 다 똑같이 관찰 결과와 실험을 통해 얻은 증거에 적절히 근거하고 있다. 그렇다면 누구 말이 옳은가? 과학적 근거들에 비춰 누구 말을 더 선호해야 하는지, 우리는 어떻게 결정할 수 있을까? 노블이 말하듯이, "경험론의 관점에서 보면 그들 사이에 존재하는 차이를 밝혀줄 실험을 생각할 수는 없는 것 같다." 근래 무신론 쪽의 변증들이 과학을 종교에 대항하는 무기로 사용하는 방식의 진짜 문제점은, 무신론에 입각한 형이상학적 가정들을 몰래 들여와 사용하는 것과 관련된다. 이런 형이상학적 가정들은 과학 자체가 요구하지도 않으며 정당하게 여기지도 않는 것들이다. 노블이 쓴 글의 짤막한 부분이 우리에게 보여주듯이, 새로운 무신론이 "과학"이랍시고 제시하는 것들 가운데에는 과학이 아닌 것들이 일부 있다. 사실 새로운 무신론은 형이상학적 자연주의라는 그럴싸한 외관을 접붙임으로써 과학을 파괴하는 쪽으로 몰고 가는 지경에 이르렀다.

그렇다면 이 새로운 무신론이 우리를 데려가는 지점은 어디인가? 새로운 무신론이 구사하는 수사법은 자신을 이성과 과학에 근거한 것으로 규정하면서, 다른 모든 대안―특히 종교적 대안―을 시대에 뒤떨어지고 비합리적인 미신들로 몰아 배척하려 한다. 하지만 이는 과학과 이성에 폭력을 행사해야만 비로소 유지할 수 있는 입장이다. 과학적 방법은, 이를 정당하게 적용한다면, 새로운 무신론이 그려 보이는 종착지로 우리를 전혀 데려가지 못한다. 과학은 자신이 대답할 수 없는 문제들을 제기함으로써, 우리가 이 세계와 세계 속에 있는 우리의 자리와 관련하여 근래 대중의 인기에 영합하는 무신론이 구사하는 얄팍한 수사가 제시하는 것보다 오히려 더 심오한 질문들을 하지 않으면 안 되게끔 강제한다.

그렇다면 우리가 만일 과학의 지평을 넘어가려 한다면 무슨 일이 일어날까? 우리가 만일 그대로 닫혀 있어야 할 커튼을 열어젖히려고 한다면 무슨 일이 일어날까? 과학적 방법의 영역 너머에는 무엇이 있을까?

1885년, 빅토리아 시대 영국에서 찰스 다윈의 사상을 가장 열렬히 지지했던 인물인 토머스 헉슬리(Thomas Henry Huxley, 1825-1895)는 다윈 동상 제막식을 기념하는 연설을 했다. 이 동상은 곧 런던 자연사 박물관을 빛내는 명물이 되었다. 헉슬리는 연설을 마무리하면서 과학이 "신앙고백을 채택하는 것은 자살 행위"[1]라고 선언했다. 이 말은 그가 남긴 가장 명민한 말 가운데 하나요, 곰곰 새겨들어야 할 말이다.

헉슬리가 이야기하는 것은 단지 과학이 교회나 종교 조직이나 정통 신학의 종이 될 때 생겨나는 위험만이 아니었다. 그는 과학이 일종의 교리가 되어버린 무신론의 종이 되거나, 혹은 과학을 종교적 믿음에 맞서는 전쟁에서 사용할 무기로 보는 것도 똑같이 위험하다고 본다. 과학은 **과학**일 뿐이지, 과감한 공세를 취하는 종교 강령이나 교묘한 반(反)종교 강령을 표방하는 사람들이 이용하는 도구가 아니라는 것이다. 사람들은 종종 헉슬리가 한 말을 종교 비판으로 묘사하지만, 그의 주관심사는 과학이 어떤 종류의 교조주의—그것이 종교성을 띠든 반종교성을 띠든—의 간섭도 받지 않고 자유롭게 진리를 탐구할 수 있도록 확실하게 보장하는 것이다.[2]

가장 훌륭하고 가장 순수한 과학은 신앙고백을 갖지 않는다. 그 신앙고백이 종교를 위한 것이든, 종교에 반대하는 것이든 관계없이 말이다. 그렇지만 헉슬리 자신이 지적하듯이 과학에게도 한 가지 유일무이한 신앙 조항이 존재한다.

> 과학으로 개종하는 사람이 행할 유일한 신앙 행위는, 질서가 보편성을 지니며 인과 법칙이 언제나 어느 상황에서나 절대 유효함을 고백하는 것이다. 이 고백이 신앙 행위인 이유는, 사안의 본질상, 이런 전제들이 진리임을 증명하는 것은 불가능하기 때문이다.[3]

과학은 신앙에 따른 판단을 하지도 않고 그것을 필요로 하지도 않는다고 주장하는 이들이 있지만, 헉슬리는 분명히 이 주장이 옳지 않다고 본다. 과학은 현재도 작동하며 "증명이 불가능한" 믿음에 의존하는데, 헉슬리는 이런 믿음을 "신앙 행위"(acts of faith)라고 적절하게 부르고 있다.

새로운 무신론을 따르는 저술가들은 헉슬리의 통찰에 주목하길 꺼려하는데, 여기에는 분명한 이유가 있다. 헉슬리의 통찰은, 과학이 신앙으로부터 자유로운 영역이라는 도킨스의 교리 같은 주장과 날카롭게 대립하기 때문이다. 과학은 몇 가지 기본 가정을 해야 한다. 이런 가정은 심리학자인 윌리엄 제임스가 적절히 명명한 대로 "작업가설" 같은 것들이다. 새로운 무신론은 과학이 신앙에 근거하여 내리는 판단들에 대해 병에 가깝다 할 정도로 엄청난 혐오감을 피력하는데, 이런 혐오감은 바로 종교와 종교가 구사하는 단어를 거부하는 편견을 반영한 것으로 보인다. 과학철학자인 마이클 폴라니는 자연계의 합리성을 믿는 과학의 믿음이 대단히 중요함을 강조하면서, 이런 믿음이 경험론에 입각하여 세계를 탐구해갈 때도 계속해서 드러나리라고 예상하는 많은 저술가들 가운데 하나다.

하지만 과학 자체가 인간의 의미 탐구를 만족시켜줄 수 있을까? 이 물음을 다룬 가장 예리한 논의들 가운데 하나가 에스파냐의 철학자인 호세 오르테가 이 가세트(José Ortega y Gasset, 1883-1955)에게서 나왔다. 그는 세계를 관찰한 결과들을 설명할 수 있는 과학의 능력을 찬미하면서도, 과학이 인류가 가진 더 심오한 욕구와 의문을 만족시키지 못한다고 역설한다. "과학적 진리를 규정하는 특징은 그 정확성과 과학이 제시하는 예측의 확실성이다. 그러나 과학은 이런 훌륭한 특질을 추구하느라 부차적 문제들이라는 비행기만 계속 타고 가면서, 궁극적이고 결정적인 문제들은 손대지 않고

뇌두는 대가를 치른다."[4] 과학이 가진 대단히 중요한 미덕은 자신이 멈춰야 할 때를 안다는 것이다. 과학은 다만 자신이 증거에 기초하여 대답할 수 있음을 아는 문제들에만 대답한다. 그러나 사람의 호기심은 이보다 더 나아가길 원한다. 인간은 "세상을 속속들이 꿰뚫는 지식이 없으면, 곧 우주의 본질을 일러주는 근본 사상이 없으면 살아갈 수가 없다. 전혀 다듬지 않은 것이든 혹은 정교하게 다듬은 것이든, 우리가 동의한 것이든 혹은 동의하지 않은 것이든, 과학을 초월하는 그런 세계상은 우리 각 사람의 마음에 자리를 잡고 우리 삶을 과학적 진리보다 더 효과적으로 다스린다."

오르테가 이 가세트의 선언에 따르면, 20세기에는 인간을 정확하고 확정할 수 있는 것들 안에 가둬두려는, 유례없는 노력이 목격되었다. 굳이 그럴 필요가 없는데도 일부 사람들은, 자연과학의 한계를 넘어서는 질문들이 모두 "무의미하다"라고 선언하는 부적절한 일을 저질렀다. 오르테가 이 가세트는 이처럼 성급하게 모든 문제를 "무의미하다"라고 배척하는 태도가, "세계는 어디로부터 왔으며 어디로 가는가? 우주의 정점에 있는 힘은 무엇이며, 삶의 본질적 의미는 무엇인가?"와 같은 삶의 커다란 질문들까지 배척하는 지경에 이르렀다고 선언한다. 하지만 우리는 삶이 지닌 그런 궁극의 문제들을 붙들고 계속 씨름하면서, 그런 물음들이 무의미하다고 강변하는 이들의 주장을 무시한다. 우리로서는 이런 궁극의 문제들을 피할 수 없다. 이 문제들을 붙들고 씨름하는 것은 인간으로 존재하는 데 꼭 있어야 할 측면이기 때문이다. "우리에게는 궁극의 문제들을 피할 길이 주어져 있지 않다. 이리 가나 저리 가나, 우리가 좋아하든 좋아하지 않든, 그 문제들은 우리 안에 있다. 과학의 진리는 정확하지만, 완전하지는 않다."

인간으로 존재한다는 것은, 존재가 던지는 수수께끼들이 지닌 의미와 그 답들에 천착하는 것이다. 그러나 과학 작업은 이런 궁극의 물음들에 이르기 전에 멈춰서며, 또 그렇게 멈춰서는 것이 옳다. 과학은 자신의 한계를 알며, 그 한계는 증거가 결정한다. 그러나 때로 증거는 증거 너머를, 그 지평 너머에 있는 또 다른 세계를, 과학으로 탐구할 수 없는 저편을 가리키는 것처럼 보인다. 오르테가 이 가세트는 훌륭한 이미지를 사용하여 이 점을 강조한다.

> 과학은 단지 인간의 지성과 인간 유기체의 조그만 일부일 뿐이다. 과학이 멈추는 곳에서도 인간은 멈추지 않는다. 물리학자는 자신의 방법론이 끝나는 곳에서 그가 사실들을 그려 보일 때 사용하는 손을 멈춘다. 그러나 각각의 물리학자 뒤에 자리한 인류는, 물리학자가 그리기 시작한 선(線)을 연장하여 그 선이 끝나는 곳까지 계속 이어간다. 이는 마치 폐허가 된 아치를 응시하는 눈이, 이제는 사라진 채 비어 있는 아치 곡면부(曲面部)를 그 눈으로 그려 완성하려는 것과 같다.

폐허가 된 아치의 모습을 상기시키는 오르테가 이 가세트의 이미지

묘사 덕분에 우리는 중요한 점을 포착할 수 있다. 지금 우리가 말하고자 하는 것은, 믿음을 앞세워 무모한 일을 벌이는 것이 아니라, 과학적 방법의 문턱을 넘어가서도 지적 활동이 계속 그 궤적을 그려 간다는 것이다. 신앙은 이성과 증거를 넘어갈 수 있다. 그럴지라도 신앙은 이성 및 증거와 대립하지 않으며, 이것들이 그려가는 사상의 선들을 계속 이어지게 한다.

과학자들도 인간이었으며, 지금도 변함없이 인간이다. 때문에 오르테가 이 가세트는, 많은 과학자들이 과학자로서의 소명과 인간으로서의 근본적 성향 사이에서 갈등을 겪는 자신을 발견했다고 주장한다. 과학자들은 과학자로서 그들 자신을, 경험할 수 있고 실증할 수 있는 영역에 묶어두려고 한다. 하지만 동시에 인간으로서 경험할 수 있는 차원을 넘어 의미와 가치의 문제를 이야기할 필요성이 있음을 알고 있다. "선한 일"을 추구하는 것은 다른 이들에게도 그렇지만, 과학자들에게도 중요하다. 하지만 과학자들은, 자연과학이 무엇이 선한 것인지를 결정하는 데 도움이 되지 않으리라는 것을 깨닫는다. 앞에서 우리는 "과학은 무엇이 윤리적인지 결정할 방법을 갖고 있지 않다"[5]라고 말한 도킨스의 관찰 결과를 언급했다. 내가 알기에, 과학이 대답할 수 없다는 이유로 윤리 문제들을 무의미하거나 적절치 않다고 내치는 과학자는 없다. "선한 삶"을 추구하는 것이 단지 과학이 우리를 데려갈 수 있는 곳에서 더 멀리 나아가는 일이라는 이유로, 그런 추구를 지나치다거나 헛된 꿈으로 여기는 이도 없다.

과학은 의미나 가치의 문제를 다루지 못한다. 과학은 다만 사실 문제를 다룰 수 있을 뿐이다. 그러나 과학적 방법 안에도 실재의 본질에 관한 더 심오한 가정들—여기에는 하나님의 존재와 그분의 본질도 포함된다—이 깊숙이 자리하고 있는지 묻는 것은 철저히 합리적이다. 과학은 이런 가정들을 분명하게는 제시하지 않는다. 그렇다면 과학에는 이것들이 암암리에 내포되어 있는가? 과학 작업 자체가, 과학 탐구의 범위 밖에 있는 어떤 것, 하지만 결국 이 작업의 성패를 좌우하는 어떤 것을 가리키고 있는 것은 아닐까? 예를 들어 이론화학자인 찰스 쿨슨(Charles Alfred Coulson, 1910-1974)은 "자연 안에 질서와 불변성이 있다는, 증명할 수 없는 가정"을 설명할 때 종교적 확신이 중요함을 지적한다.[6] 영국의 종교철학자인 리처드 스윈번(Richard Swinburne)은 여기서 더 나아가, 하나님을 믿는 믿음이 가지는 설명 능력은 실재를 이루는 세미(細微)한 세부 사항들에 국한되지 않으며, 이런 사항들을 넘어 과학이 설명하기에는 "너무 크거나" 혹은 "너무 이상한" 삶의 커다란 문제들에까지 미친다고 주장한다.[7]

누가 봐도 분명한 것은, 우주의 본질을 캐묻는, 지극히 심오하고 매력 있는 많은 질문들이 본디 의미를 찾는 종교적 추구에 그 기원을 두고 있다는 사실이다. 우주가 이해될 수 있고 신뢰할 만한 법칙을 따라 움직인다는 생각은 대체로, 하나님의 본질에 관한 근본 신념들에서 나왔으며, "자연법칙"이라는 개념으로 표현되었다. 과학이 발전하면서 자연계의 많은 부분이 본디 설명 가능하다는 것이 밝혀졌다. 일부 사람들은 그렇기 때문에 신비의 개념이 사라져버릴 것이라고 생각할지도 모른다. 하지만 오히려 그렇기 때문에, 훨씬 더 심오한 문제—"우리는 왜 사물들을 설명할 수 있을까?"라는 문제—를 일으킨다는 것을 올바로 지적하는 이들도 있다. 과학자들은 세계를 설명할 수 있다는 것에 익숙해지다 보니, 세계를 설명한다는 것 자체를 당연하게 여긴다.[8] 하지만 이것은 사실 매우 흥미로운 현상이다.

알버트 아인슈타인이 1936년에 지적했듯이, "세계가 지닌 영원한 신비는 세계를 이해할 수 있다는 것(comprehensibility)이다."[9] 세계를 "이해할 수 있다"는 사실은 "기적"이다. 아인슈타인은 설명할 수 있다는 것 자체부터 분명히 설명이 필요하다고 본다. 우주를 놓고 볼 때 가장 이해할 수 없는 일은, 우주가 이해할 수 있는 것이라는 점이다. 자연과학은 자연계를 이해할 수 있음을 실증해 보였지만, 이런 이해 가능성은 왜 인간의 지성과 우주의 구조 사이에는 이런 근본적이 조화가 존재하는가라는 근본 물음을 불러일으킨다. 여기서 우리는 어떤 일반 패턴, 곧 과학이 자신이 대답할 수 있는 범위를 넘어서는 문제들을 불러일으킨다는 것을 본다. 그렇다면 우리는 어디서 그런 문제들의 대답을 찾는가?

모든 안내자에게는 한계가 있다. 과학은 진리로 인도하는 훌륭한 안내자이지만, 우리가 의미를 갈망할 때는 비틀거리고 머뭇거린다. 설령 세계 안에 의미가 존재한다 할지라도, 과학은 그 의미를 전혀 드러내지 못할 것이다. 과학을 비판하는 게 아니다. 다만 과학더러 과학 자신의 방법으로 방어할 수 없는 것들—가령 하나님이 계시는가와 같은 문제—을 말하게 함으로써, 과학을 불신하게 만드는 일을 피하려는 항변일 뿐이다.

그렇다면 하나님을 놓고 할 수 있는 말은 뭘까? 저명한 생물학자인 스티븐 제이 굴드(Stephen Jay Gould, 1941-2002)와 다른 수많은 학자들이 역설했듯이, 하나님이 계시는지 그리고 하나님의 본질이 무엇인지와 같은 문제는 과학적 방법으로는 다룰 수 없다.[10] 일부 과감한 무신론자들이 종교에 맞서는 무기로 과학을 사용하려 한 것은 분명히 사실이다. 가령 리처드 도킨스는 예전에도 그랬지만 오늘날에도, 과학과 종교는 꼼짝없이 서로 목숨을 건 싸움을 벌일 수밖에 없다고 주장한다. 도킨스는 하나님을 믿는 과학자들은 반역자 내지는 배신자라고 주장한다.

슬프게도 이런 견해는 지금도 대중문화 속에 널리 퍼져 있다. 하지만 이미 말했듯, 과학사가들은 오래전부터 과학과 종교가 서로 싸움을 벌이고 있다는 "전쟁" 관계 모델은 물론이요, 이런 모델을 지지한다는 증거도 대부분 포기한 실정이다.[11] 그들은 과학과 종교의 관계가 이런 단순한 전형보다 훨씬 더 복잡하다고 지적한다. 하지만 시대에 뒤떨어졌을 뿐 아니라 학자들의 비판도 받고 있는 이 모델이, 도킨스가 『만들어진 신』과 여타 다른 저서에서 자신의 무신론을 변호할 때는 필수 불가결한 개념처럼 느껴진다. 도킨스가 거부하는 하나님은 실상 미디어가 만들어낸 전형과 도시의 신화들에서 유래한 것이다. 또한 과학과 종교의 관계에 관한 그의 이해는 앤드류 딕슨 화이트(Andrew Dickson White, 1832-1918)의 저작에서 비롯된 것 같다. 화이트의 저술 중 가장 유명한 것이 『과학과 신학의 전쟁사』(History of the Warfare of Science with Theology, 1896)인데, 과학사가들은 여기서 드러난 화이트의 얕은 학식을 제대로 비판한 바 있다.

또한 도킨스는 과학이 예전부터 종교의 영역 안에 있다고 간주된 문제들을 포함해 모든 것을 설명해준다고(혹은 설명해줄 가능성이 있다고) 말한다. 새로운 무신론의 두드러진 특징으로 보이는 이 전통적인 과학 실증주의적 견해는, 과학과 종교가 서로 충돌하는 설명들을 제시한다고 주장하고 있다. 하지만 언젠가는 과학이 승리할 것이며, 종교가 제시한 설명들은 사라지고 말 것이다. 새로운 무신론은 똑같은 대상에 대해서는 여러 가지 설명이 있을 수 없으며 오직 과학의 설명만이 유효할 뿐이라고 주장한다.

하지만 사실 이런 주장은 19세기에 이루어졌던 논증 방식이며, 과학적 설명의 본질을 비판적으로 생각하지 못한 데서 비롯된 논증이다. 신경과학자인 막스 베넷(Max Bennett)과 철학자인 피터 해커(Peter Hacker, 1939-)는 근래 도킨스와 다른 이들이 신봉하는 "과학이 모든 것을 설명해준다"라는 견해를 탐구해보았다. 그 결과, 베넷과 해커는 이 견해에 심각한 결함이 있음을 밝혀냈다.[12] 예를 들어 과학 이론들이 "세계를 설명해준다"라고 말하기는 불가능하다. 과학 이론들은 다만 우리가 세계 안에서 관찰하는 **현상들**을 설명해줄 뿐이다. 나아가 베넷과 해커는 과학 이론들이 세계의 목적과 같이 "세계와 관련된 모든 것"을 묘사하지도 설명하지도 않으며, 그러려고 하지도 않는다고 주장한다. 가령 법학, 경제학, 사회학도 특수한 영역에서 일어나는 현상을 다루는 분과지만, 이 분과들이 어떤 식으로든 자연과학보다 못하거나 자연과학에 의존하는 분과로 여겨져야 하는 것은 아니다.

진짜 문제는 설명의 수준과 관련되어 있다. 우리는 복잡하고 여러 층으로 이루어진 우주 안에서 살아간다. 우리의 분석에는 각각의 층이 다 담겨야 한다. 물리학, 화학, 생물학, 심리학—다만 과학 분야 네 개를 예로 들었을 뿐이다—은 서로 다른 수준의 실재를 다루며 각 수준에 적합한 설명을 제시한다. 그러나 각 설명 하나하나가 전부는 아니다. 모든 것을 망라하는 설명이라면 서로 수준이 다른 이 설명들을 통합해주어야 한다. 한 가지 분명한 예를 들어보면, 전자를 물리학 입장에서 설명한다 해도 그 설명이 화학 입장에서 제시한 설명과 상충하지 않는 것이다.

내 옥스퍼드 동료이자 수학자, 과학철학자인 존 레녹스(John Lennox)는 깔끔한 예를 사용하여 이 점을 강조한 바 있다. 케이크를 과학으로 분석해본다고 상상해보자. 이럴 경우에는 결국 케이크를 구성하는 화학 성분들과 이 화학 성분을 결합해주는 물리력들을 살

케이크를 과학으로 분석해본다고 상상해보자. 이럴 경우에는 결국 케이크를 구성하는 화학 성분들과 이 화학 성분을 결합해주는 물리력들을 샅샅이 논하게 된다. 그렇다면 이런 분석이, 이 케이크는 생일을 축하하려고 구워졌다는 사실을 우리에게 말해주는가? 이런 설명이 케이크를 과학적으로 분석한 결과와 모순되는가? 물론 아니다. 과학과 신학은 서로 다른 질문을 던진다.

샅이 논하게 된다. 그렇다면 이런 분석이, 이 케이크는 생일을 축하하려고 구워졌다는 사실을 우리에게 말해주는가? 이런 설명이 케이크를 과학적으로 분석한 결과와 모순되는가? 물론 아니다. 과학과 신학은 서로 다른 질문을 던진다. 과학의 경우에는 사물이 어떻게 생겨나는지―무슨 과정을 거쳐 생겨나는가?―를 묻는다. 신학의 경우는 사물이 왜 생겨나는지―무슨 목적으로?―를 묻는다.

여기서 우리가 볼 수 있는 것은, 과학이 제시하는 설명들은 서로 그 층위가 다르다는 중요한 과학 원리다. 각각의 설명들은 서로를 보완해준다. 이 원리는 일상생활에서도 쉽게 탐구될 수 있다. 여러분이 좋아하는 음악 작품 하나를 연주한다고 생각해보자. 과학은 이런 음악 연주를 여러 가지 진동 패턴이라는 말로 묘사할 수 있다. 하지만 이것이 타당한 설명일지는 모르지만, 음악이라는 현상이 가지는 완전한 의미와 음악이 우리에게 미치는 영향을 설명하려 한다면, 보충 설명이 필요하다. 마찬가지로 위대한 그림도 그림을 구성하는 화학 성분들을 분석하고 물리학의 시각에서 그림의 요소들을

정리하여 제시한다 할지라도, 그 작품에는 그보다 훨씬 더 많은 것
이 들어 있다. 이처럼 과학의 설명과 종교의 설명은 서로 보완한다.
과학자가 종교를 이야기하는 것처럼 행세하기 시작하거나, 신학자
가 과학자인 것처럼 행세하기 시작할 때 문제가 터진다. 과학은 우
리가 알고 거주하는 세계의 역사와 본질에 관한 이야기를 들려준
다. 그러나 과학이 모든 이야기를 다 들려주는 것은 아니다. 기독교
는 과학이 말해주는 이야기와 모순되지 않으며, 오히려 과학의 이
야기를 더 진전시킨다. 기독교는 완전한 이야기를 들려주며, 과학은
이 완전한 이야기의 일부일 뿐이다.

우리는 이 접근법을 아주 간단한 차원에서 이렇게 적용해볼 수
있다. 과학의 세계 묘사는 세계가 우주에서 처음 일어난 사건(단번에
번쩍 하고 일어난 폭발 사건인 "빅뱅")으로부터 어떻게 생겨났는지 설명해준
다. 이 사건은 그 뒤 오랜 시간이 흐르는 동안 별들과 행성들을 만
들어내고 생명체가 탄생하고 진화하는 데 적합한 조건들을 만들어
낸다. 하나님은 아무것도 참고하시지 않았으며 참고하실 필요도 없
었다. 그리스도인들은 하나님이 세계를 존재하게 하시고 이 세계를
이끌어 당신이 뜻하신 결과들을 만들어내셨다고 말한다. 일부 사람
들은 하나님이 이 과정에 개입해서 행동하셨다고 본다. 또 다른 이
들은 하나님이 자연력을 통해 창조하시고 일하심으로써 당신이 뜻
하신 목표들을 이루셨다고 본다. 그러나 이런 설명들은 서로 모순
된다기보다 서로 다른 설명을 보완해준다.

후에 도킨스가 발전시키고 있는 논지는, 하나님을 믿는 믿음도 과학적 근거들을 토대로 잘 설명될 수 있다는 것이다. 도킨스가 피력하는 가장 독특하고 가장 큰 영향을 미친 신념 가운데 하나가, 하나님을 믿는 믿음은 "밈"(meme)[*]이 만들어낸 허상이라는 주장이다. 새로운 무신론을 이끄는 대표 저술들은 이 개념을 그대로 반복하고 있다. 도킨스는 1976년에 "밈" 개념을 처음으로 제시했다. 『이기적 유전자』끝부분에서 그는 생물의 진화와 문화의 진화 사이에는 기본적 유사성이 있다고, 즉 둘 다 복제를 일으키는 것(복제자)을 가졌다고 주장한다. 생물의 진화 같은 경우에 이 복제자는 유전자다. 반면에 문화의 진화 경우에 복제자는 가상적인 존재로서 도킨스가 "밈"이라고 부르는 것이다.

도킨스는 어쩌면 하나님이라는 개념이야말로 밈에 해당하는 사례 중 정점에 해당할 것이라고 본다. 사람들이 하나님을 믿는 이유는, 그들이 하나님이라는 실체를 오랫동안 진지하게 생각해왔기 때문이 아니다. 도리어 진짜 이유는 어찌어찌하여 그들의 뇌 속으로 "뛰어들어온" 어떤 강력한 밈에 감염되었기 때문이다. 이 접근법이 취하는 심리학에는 분명히 심각한 문제가 있다. 인간의 지성은 그저 수동적으로 개념들을 흡수하거나 만들어내지 않는다. 도킨스는

---

[*] 도킨스의 가설적 개념으로, 유전자처럼 복제와 변이를 거듭하면서 후세로 전해 내려가는 사회 문화의 구성 요소를 말한다.

우주의 의미를 찾아서

96

마치 우리가 인플루엔자에 감염되어 병을 키워가는 것처럼 개념들을 키워간다고—다른 누군가에 의해 감염된다고—생각하는 듯하다.

『만들어진 신』(2006)에서 도킨스는 밈 개념을 제시하면서, 이것이 마치 확립된 과학계의 정통 견해인 것처럼 소개했다. 하지만 정작 이 개념이 과학계 주류 사상의 변두리로 쫓겨났다는 불편한 사실에 대해서는 전혀 언급하지 않았다.[13] 도킨스는 "밈"을 실제로 존재하는 것처럼 제시하면서, 이 "밈"이 종교의 기원을 설명해줄 수 있는 엄청난 잠재력을 갖고 있는 것처럼 이야기한다. 심지어 도킨스는 자신의 신념을 토대로 하여 더 발전된 개념, 예를 들어 "밈 복합체"(memeplex)* 같은 것을 만들어낼 정도다. 대니얼 데닛도 자신의 새로운 무신론을 천명한 저서 『주문을 깨다』(Breaking the Spell, 2006)에서 이 개념을 폭넓게 사용하고 있다. 이렇게 새로운 무신론이 제시하는 지적 주장은 밈 개념에 크게 의존하게 되었지만, 이 개념이 가진 심각한 문제들은 소위 "과학적"이라는 이 무신론 접근법에 대단히 곤란한 결과를 가져왔다.

이상하다 싶으리만치 대담하고 자신 있게 "밈들이 때로는 아주 높은 신뢰성을 보여준다"[14]라고 천명하는 도킨스의 선언을 검토해 보면, 이 접근법이 가진 난점들을 설명할 수 있다. 겉으로 보면 이 말은 과학적 사실을 천명한 선언처럼 보인다. 그러나 더 깊숙이 살

---

* meme complex의 줄임말. 동일인 안에서 발견할 수 있는 밈 덩어리를 말한다.

펴보면, 이는 과학적 사실을 선언한 것이 아니다. 사실상 도킨스는 하나의 관찰 결과를 자기만이 가진 독특한 이론 틀에 맞춰 다시 이야기하고 있다. 개념들이 한 개인이나 그룹, 세대로부터 다른 개인, 그룹, 세대로 전달된다는 관찰 결과는 다툴 수도 없고 논쟁의 소지도 없는 사실이다. 반면에 이 관찰 결과에 대해 도킨스가 제시한 **이론적 해석은 논쟁의 소지가 있다**(그런데도 그는 이런 해석을 마치 사실처럼 제시한다). 이러한 그의 해석은 대다수 사람들이 존재하지도 않는 것으로 여기는 것에 신빙성을 부여한 결과다. 밈 이론의 "업적"이란 다만 광범위한 현상들을 자기만이 고집하는 독특한 언어로 **다시 서술한 것**뿐이다. 어쩌면 이것이 밈 이론이 저지른 가장 큰 잘못일 것이다.

더욱이 자기 집합(self-assembly) 암호를 함유하고 있다고 할 수 있는 사상이나 문화 산물은 전혀 없다. 이것들은 도킨스와 데닛이 제시한 문화 전달과 발전에 관한 설명이 요구하는 "복제자들"이 아니다.[15] 실제로 이 이론을 인정하도록 만드는 과학적 증거들이 없다 보니, 어떤 사람들은 장난조로 사람들이 밈을 믿으니까 밈이 있을지도 모르겠다는 결론을 내리기도 했다. 밈을 비판하는 많은 이들이 보기에, 밈은 그저 일종의 생물학 픽션일 뿐이다.

온라인 매체인 「밈 이론 저널」(Journal of Memetics)의 역사는 밈 이론이 과학계로부터 지지를 모으지 못했음을 확실하게 보여주는 하나의 표지다. 이 저널은, 논쟁의 소지에도 불구하고 밈 개념이 문화계로부터 가장 큰 호응을 받던 1997년에 첫 발을 내디뎠다.[16] 그러다가 2005년에 발행을 중단했다. 왜 그랬을까? 그 대답은 저널 마지막 호에 게재되었던, 밈 개념을 혹독하게 비판한 글에서 찾아볼 수 있다. 이 글을 쓴 영국의 과학철학자 브루스 에드먼즈(Bruce Edmonds)는 밈 개념에 대해 아주 중대한 두 가지 비판을 가한다. 그는 자기가 제시한 비판이, 밈 이론이 과학계에서 호응을 얻고 있다는 주장을 무너뜨렸다고 믿는다.[17]

1. 밈 이론은 근본부터 실패작이었다. 이 이론은 "유전자와 밈 유비(gene-meme analogy)를 제외하면, 따로 더 활용할 수 있는 설명 능력이나 예견 능력을 제공하지 않기 때문이다." 다시 말해 밈 이론은 현상들에 관한 정말 새로운 이해를 제시했는가라는 관점에서 보면, 달리 더 가치를 제공하지도 않았고 새로운 통찰도 제시하지 못했다.

2. 에드먼즈는 밈 이론을 "지나친 추상과 과도한 야심이 낳은 공론(空論)"으로 규정했다. 에드먼즈는 특히 증거는 제시하지 않은 채 "종교처럼 대단히 복잡한 일부 현상들을 '설명해보려고' 한" 비현실적이고도 야심만 넘친 시도들을 비판 대상으로 삼는다. 그러나 차라리 광신도라 할 많은 밈 옹호자들은 이것—곧 하나님을 믿는 믿음을 설명하는 것—이 바로 밈 이론의 핵심이라고 본다.

에드먼즈는 다음과 같이 통렬하게 밈 비판을 마무리하는데, 결국 이 말은 밈 이론의 비문(碑文)이 된다. 에드먼즈에 따르면 밈 이론은 "단명한 유행으로서 그것이 남긴 효과는 무언가를 밝게 깨우쳐주기보다 도리어 어둡게 만드는 것이었다. 나는 밈 이론이 다른 분

야와 구별되는 하나의 분야로서 거의 잊혀져 버리지 않을까 염려한
다."

에드먼즈의 이와 같은 관찰 결과가 중요하다는 사실은 분명하
게 드러날 것이다. 앞서 언급했듯이, 새로운 무신론을 이끈 두 저작
은 하나님을 믿는 믿음도 설명될 수 있다는 그들의 주장에 대한 과
학적 논거의 필수 부분으로 믿을 내세운다(그러나 대다수 과학자들은 "하나
님을 믿는 믿음도 설명될 수 있다"라는 표현 대신, "환원하여 설명할 수 있다"라는 표현을 선
호할 것이다). 하지만 믿이라는 개념은 철저히 사색이 꾸며낸 개념임
이 드러난다. 또한 이 개념이 증거로 밝혀졌다고 말하기도 심히 어
렵다. 에드먼즈가 말한 그대로, 이 "단명한 유행"에 이토록 과도하게
의존한 일은 앞으로도 장기간 무신론을 변증하는 이들에게 영향을
미칠 것으로 보인다.

과학이 하나님이 "계시지 않음을 증명해준다"는 생각은 대단히
치기 어린 말로서, 근래 대중의 인기를 끈 무신론에서 두드러지게
나타난 특징이었다. 이런 말은 무신론자들에게 쾌감을 안겨주었고,
그들에게 용기를 불어넣어 모든 과학 작업이 그들이 지닌 신념을
지지한다고 믿게 만든다. 그러나 그런 믿음은 전혀 옳지 않다. 이 믿
음이 매끄럽고 간단명료할지는 몰라도, 실상과 일치하지 않는다. 도
킨스는 진짜 과학자라면 모두 무신론자이어야 한다고 주장하지만,
이는 철저히 잘못된 말이다. 과학자들의 신앙이 전문가들의 비판을
불러올 때가 자주 있다. 그런데도 그토록 많은 과학자들이 신앙을

갖고 있는 이유는 무엇인가?

이를 분명하게 그리고 지적인 측면에서 가장 만족스럽게 밝혀 주는 설명을 찾아내기는 어렵지 않다. 자연계라는 개념이 얼마든지 펴서 늘일 수 있는 성질을 가졌다는 것은 잘 알려져 있다. 자연계라는 개념은 지성의 고결함을 손상하지 않고도 여러 가지로 상이하게 해석될 수 있다. 어떤 사람들은 자연을 무신론을 따라 "읽거나" "해석한다." 다른 이들은 자연을 이신론(理神論)을 따라 "읽으면서", 자연이 자연 자신을 창조했으나 이제는 이 자연이 하는 일에 더 이상 개입하지 않는 어떤 신을 가리킨다고 본다. 신은 시계태엽을 감은 다음, 이 시계가 스스로 알아서 움직이도록 놓아둔다. 또 다른 이들은 더 소상하게 그리스도인의 시각을 취하여, 하나님이 자연을 창조하고 유지하신다고 믿는다. 또 다른 사람들은 영에 치우친 견해를 취하면서, 더 모호하게 어떤 "생명력"을 거론한다.

핵심은 간단하다. 자연은 정당한 많은 해석에 열려 있다. 본질상 과학 자체는 중립성을 띤다. 자연은 무신론을 따라, 이신론을 따라, 유신론을 따라, 그 외 다른 많은 방식으로 해석될 수 있다. 자연을 이 가운데 어느 하나를 따라서만 해석해야 한다는 법은 없다. 어떤 특별한 종교적 세계관, 영적 세계관, 혹은 반종교적 세계관에 헌신하지 않고도 진짜 과학자가 될 수 있다. 덧붙인다면, 이것이 내가 언급한 대다수 과학자들의 견해이며, 그들 중에는 자신을 무신론자로 규정하는 이들도 있다. 도킨스와 달리 이들은 자신의 동료 중 일부가 어째서 기독교 세계관을 받아들이는지 잘 이해할 수 있다. 이들은 동료들이 취하는 접근법에 동의하지 않을지라도 그 접근법을 기꺼이 존중하려고 한다.

그러나 이렇게 되면, 우리가 앞 장에서 탐구했던 문제는 풀리지 않은 채로 남는다. 자연을 여러 가지 방식으로 해석할 수 있다면, 어떤 해석이 가장 훌륭한 해석인가? 우주를 각기 다르게 설명할 수 있다면, 이 설명들 가운데 **가장 훌륭한 설명**은 어느 것인가? 의미를 밝혀주는 기존의 틀은, 우리가 실제로 관찰하는 것들을 얼마나 잘 설명해주는가? 앞서 우리는 기독교가 그 자체는 물론이요 다른 모든 것의 의미도 설명해준다는 C. S. 루이스의 독특한 주장을 언급했다. 그렇다면 그리스도인들이 세계를 관찰하는 데 가져다 쓰는 이 렌즈는 무엇인가? 이 렌즈의 핵심 요소들은 무엇인가? 다음 장에서는 기독교의 세계 이해 방식이 제시하는 몇 가지 주요 테마들을 다루어보겠다.

"내가 해가 떴다고 믿는 것은 해를 보고 있기 때문이 아니라 해 덕분에 다른 모든 것을 보고 있기 때문이다. 내가 기독교를 믿는 것도 그와 같다"(C. S. 루이스).[1] 세심하게 다듬어진 이 문장은 기독교 신앙의 합리성을 믿는 루이스의 핵심 신념을 보여준다. C. S. 루이스(1898-1963)가 하나님을 믿게 된 데에는, 하나님을 실재라는 대지를 밝게 비춰주는 지적 태양에 비유할 수 있다는 그의 깊은 확신도 한몫 했다. 루이스는 기독교 신앙이 사물을 예리한 시선으로 보게 해주는 렌즈와 같다고 보았다. 그는 실재를 밝게 비춰주고 그 의미를 설명해주는 기독교 신앙의 능력이야말로 기독교 신앙이 진리임을 일러주는 징표라고(그러나 증거는 아니다) 주장했다. 기독교 신앙이 모든 수수께끼를 풀어주지는 않았다. 루이스에게는 고통이라는 문제가 여전히 지적 불안을 안겨주는 커다란 원인으로 남아 있었으며, 그의 생애 후기에는 특히 그러했다.[2] 그러나 하나님을 믿는 그의 믿음은 세계의 난제와 수수께끼들이 지닌 의미를 이해할 수 있는 아르키메데스의 점*을 제공해주었다.

루이스는 기독교를 믿는 것을, 태양이 떠올랐다는 것을 믿는 것에 비유할 수 있다고 말하면서, 서로 다른 그러나 서로 연관된 두 가지 점을 강조한다. 첫째, 하나님을 믿는 것에는 의미가 있다. 머리와 가슴, 이성과 생각, 이 모든 것은 그것들의 종착점이 하나님임을 우리에게 일러준다. 이것들이 모든 사람을 신앙으로 인도하지 못할지도 모르지만, 우리에게 올바른 방향은 일러준다. 둘째, 루이스는 하나님을 믿는 믿음이 세계를 바라볼 틀을 짤 수 있는 방법을 우리에게 제공함으로써, 세계를 올바로 들여다볼 수 있게 해준다고 주장한다. 하나님을 믿는 믿음은 실재를 예리하게 집중하여 보게 해주는 렌즈요, 세계를 밝게 비춰줌으로써 이 세계를 더 완전하고 더 또렷하게 볼 수 있게 해주는 태양이다. 하나님에 대한 믿음은 믿음 그 자체를 설명해줄 뿐 아니라―자연과학이 거둔 성공과 자연과학의 한계를 포함하여―다른 모든 것도 설명해준다.

그러나 여기서 반대 의견이 있을지도 모르겠다. 그리스도인들

---

* 아르키메데스가 자신에게 움직이지 않는 한 점만 주면 그 점을 받침점으로 삼아 지구를 지레로 들어 올리겠다고 말한 데서 유래한 표현으로, 결코 흔들리지 않는 지식의 기초 또는 근거를 가리킨다.

은 설명보다 구원을 더 이야기한다. 그리스도인들은 하나님을 우주가 무엇인지 알려주는 일종의 참고서로 생각하기보다, 하나님께 예배하거나 기도하는 것에 대해 이야기할 때가 더 많다. 하나님이 사물의 의미를 설명해주시는 분이라는 개념은, 그리스도인의 일상적 사고 속에서 루이스가 제시하는 것보다 더 적은 역할을 하는 것 같다. 앞서 우리는 테리 이글턴이 "기독교는 애초부터 무언가를 설명하려는 의도를 가진 적이 전혀 없었다"라고 신랄하게 꼬집은 말을 언급했다.

사실상, 기독교에는 사물들의 의미를 설명하는 것보다 더 많은 것이 존재한다. 복음은 설명에 관한 것이 아니라 구원, 곧 나사렛 예수의 삶과 죽음과 부활을 통한 인간 실존의 변화에 관한 것이다. 그리스도인들이 선포하는 것이 세계를 설명하는 데 강조점을 두지는 않지만, 그래도 이 선포는 사물을 들여다보는 독특한 방법을 제공한다. 바로 이 방법 덕분에, 적어도 우리는 원리상으로나마 사물들을 다른 각도에서 들여다볼 수 있으며, 이런 각도와 일치하는 방식으로 행동할 수 있게 된다. 기독교는 어떤 것들이 참이라고 믿는 것, 어떤 것들을 신뢰할 수 있다고 믿는 것, 그리고 그것들이 우리 인식과 결심과 행동을 조명해준다는 것을 믿는 것과 관련되어 있다.

신약성경은 광범위한 이미지를 활용하여 이런 변화를 묘사한다. 이런 이미지들 가운데에는 우리가 사물을 바라보는 방식에 변화가 있음을 시사하는 것들이 많다. 신약성경은 우리 눈이 열리며,

베일이 걷힌다고 말한다(행 9:9-12; 고후 3:13-16). 바울 서신을 죽 읽어 보면, 우리는 바울이 사람을 바꿔놓는 복음의 능력을 거듭 역설하면서, 복음이 사람의 삶은 물론이요 우리가 세상을 이해하고, 세상 안에서 그리고 세상을 향해 행동하는 방식을 바꿔놓는 능력을 가졌음을 강조한다는 것을 발견한다.[3] "너희는 이 세상을 본받지 말고 너희 마음을 새롭게 하여 변화를 받으라"(롬 12:2). 기독교는 우리가 사물들을 설명하는 방법이 아니라 인간의 상황이 바뀜에 강조점을 둔다. 하지만 신앙이라는 풍부한 태피스트리의 한 부분은, 복음이 "마음을 새롭게 함"이 세계를 이해하는 새로운 시각으로 이어진다는 사실과 관련되어 있다. 우리는 새로운 방식으로 세계를 보고 새로운 관점에서 세계를 이해하게 된다.

　루이스의 주장에 따르면, 기독교는 루이스 자신이 과거에 따랐던 무신론을 포함한 다른 대안들보다 훨씬 더 세계를 잘 설명해주는 틀이요 사유 방식이다. 이 사실을 좀더 형식을 갖추어 표현하면 다음과 같다. 기독교의 특징은 그 체계 내부의 고상함(intra-systemic elegance)과 그 체계 외부에서 볼 수 있는 풍부한 생산력(extra-systemic fecundity)이다. 기독교의 실재관은 그 내면에 통일성과 일관성을 갖고 있다. 이런 통일성과 일관성은 적어도 우리가 관찰하고 경험하는 것들을 설명해줄 수 있는 기독교의 두드러진 능력과 일치한다. 기독교 신학은 그 개념의 폭이 넓어 자연과학과 예술과 도덕과 다른 종교 전통들까지 수용할 수 있다. 기독교는 세계를 설명해주는 동시에, 하나님이 계심을 지지하는 지적 논거를 보강해주고 "자연을 보는" 방법을 제공해준다. 덕분에 우리는 다른 방법으로는 불가능했을 방법으로 자연의 진가를 인식하고 존중할 수가 있다.

자연을 **본다**는 것, 잠간 동안이라도 우리는 이 대단히 중요한 문구를 붙들고 곱씹어봐야 한다. 루이스는 기독교 신앙이 우리에게 사물들을 **실제 그대로** 볼 수 있게 해준다고 선언한다. 그러나 우리는 사물들을 제대로 볼 수 있게 도움을 받지 않는 이상, 사물들을 실제 그대로 볼 수 없다. 영국의 도덕철학자요 소설가인 아이리스 머독(Iris Murdoch, 1919-1999)은 "비록 눈을 뜨고 있다 해도, 우리가 우리 앞에 있는 것을 반드시 본다는 법은 없다.···우리 마음은 계속해서 활동하면서 불안해하고 늘 편견에 사로잡혀 있으며, 종종 잘못을 저지르고, 이 세계를 일부 가려버리는 **베일**을 만들어낸다"[4]라고 지적했다. 우리가 세계를 제대로 볼 수 있으려면 이 베일을 없애야 한다. 복음은 이 베일을 옆으로 제쳐버림으로써 우리가 사물들을 실제 그대로 똑똑히 볼 수 있게 해준다.

영국의 위대한 문화 비평가요 평론가인 존 러스킨(John Ruskin, 1819-1900)도 이 점을 거듭 지적했다. 그는 "이제까지 인간 영혼이 세상에서 한 가장 위대한 일은 무언가를 보는 것이요, 그가 본 것을 쉽게 말하는 것이다.···똑똑하게 보는 것이 시(詩)요, 예언이요, 종교다. 그리고 이 전부가 똑똑히 본다는 하나의 행위 안에 들어 있다"[5]라고 선언한다. 여기서 러스킨은 동시대의 많은 신학자들이 간과한 점

우리는 사물들을 아주 잘 설명
할 수 있는 우리의 능력을 어떻
게 설명할 것인가? 우리는 "수학
의 불합리한 유효성"을 어떻게
설명하며, 인간의 지성이 우주의
윤곽에 정확히 맞춰 만들어진 것
처럼 보인다는 사실을 어떻게 설
명할 것인가?

을 지적한다. 즉 그리스도인의 지성은 자연이 남긴 인상을 수동적으로 받아들이지 않고 능동적으로 해석한다는 사실이다. 관찰 과정은 그것이 과학적이든 혹은 종교적이든, 자기가 관찰한 것과 믿는 것을 결합한 다음 필요한 조정 작업을 행하려는 것을 포함한다.

나아가 우리는 자연을 **통일체**로 보는 법을 배워야 한다. 하나님이 존재하심을 밝히려는 몇몇 전통적 "증명들"에는 만족스럽지 못한 측면이 몇 가지 있다. 그 중 하나는 이 증명들이 자연 안에서 설명할 수 없는 틈새들을 찾아낸 다음, 이 틈새들을 특별하거나 은밀한 하나님의 임재 또는 활동에 의지하여 메우려고 애쓴다는 것이다. 이런 시도가 함축하는 바는, 지금 과학이 설명할 수 없는 것, 더 정확히 말해 과학이 원리를 설명할 수 없다고 주장되는 사례는 무엇이든, 그것을 하나님이 행하시는 "특별한" 일로 여겨야 한다는 것이었다. 그러나 내가 기독교 전통 속에서 생겨난 자연신학적 접근법이라고 믿는 것은, 자연을 전체로 보면서, 이 자연을 설명해주는 "큰 그림"을 찾는 것과 관련되어 있다. 우리는 사물들을 아주 잘 설명할 수 있는 우리의 능력을 어떻게 설명할 것인가? 우리는 "수학의 불합리한 유효성"(unreasonable effectiveness of mathematics)[6]을 어떻게 설명하며, 인간의 지성이 우주의 윤곽에 정확히 맞춰 만들어진 것처럼 보인다는 사실을 어떻게 설명할 것인가?

소위 "틈새를 메워주시는 하나님 접근법"(God-of-the-Gaps approach)은 과학의 설명에 존재하는 틈새들을 내세워 하나님이 존재하심을 변호하려고 한다. 하지만 나로서는 이 접근법에 감동을 받은 적이 전혀 없음을 고백할 수밖에 없다. 1970년대 초 옥스퍼드 대학교 학생으로 화학을 공부하는 동안 나는 찰스 쿨슨을 알게 되고 존경하게 되었다. 쿨슨은 옥스퍼드 최초의 이론화학 교수였으며, 내가 방금 말한 접근법을 맹렬히 비판한 사람이었다. 쿨슨은 실재를 전체로서 설명해야 한다고 주장했다. 그에 따르면 "하나님은 자연 전체 안에 계셔서 그분이 계시지 않는 틈을 전혀 남기지 않는 분이거나, 사연 속 어디에도 계시지 않는 분이다."[7] 쿨슨보다 먼저 스코틀랜드 신학자인 헨리 드루먼드*도 똑같은 점을 강조했다.

우리가 사물들을 알 수 있을 때는, 그것들을 인간 차원에서 자연스러운 것으로 인식한다. 하지만 사물들을 알 수 없을 때는 그것들을 신적인 것이라고, 하나님 소관이라고 부른다. 마치 우리가 어떤 사물을 모

---

* Henry Drummond, 1851-1897. 스코틀랜드의 저술가요 교육자, 선교사. 신앙 세계에서 자연과학이 가지는 의미에 큰 관심을 가졌고, 아프리카와 호주 등에서도 강연과 전도 활동을 펼쳤다.

른다는 사실이, 그 사물에 하나님의 것이라는 도장이 찍혀 있는 것처럼 말하는 것이다. 만일 우리 지식 속에 있는 틈새들을 오로지 하나님께만 떠맡긴다면, 이 틈새들이 다 메워질 때 우리는 어디에 있게 될까? 만일 그 틈새들이 메워지지 않는다면, 하나님은 오로지 세계의 무질서 안에서만 발견되어야 할까? 하나님이 특별히 개입하실 자리를 여기저기 남겨놓고픈 유혹에 굴복하는 사람들은, 이런 태도가 실상은 그분을 나머지 과정에서도 배제하는 것과 같다는 사실을 쉬이 잊어버린다.[8]

만일 기독교가 과학이 과학의 시각에서 일시적으로 설명하지 못하는 세계의 틈새들을 찾는 일에만 몰두한다면, 기독교 본연의 가장 훌륭한 모습을 보여주지 못할 것이다. 하나님은 세계의 틈새들과 외진 구석에서 발견되는 분이 아니다. 하나님은 우주 전체에 의미를 부여하는 분이다. 오직 그분만이 어떤 것이 존재하는 이유를 설명하실 수 있고, 그것이 무엇을 의미하는지 설명하실 수 있다. 기독교 신앙은 자연을 바라보는 대안을 제공하며, 때로는 과장된 과학적 방법에 도전장을 던질 수도 있다. 하지만 그 방법이 과학적인 것이든 신앙적인 것이든, 기독교 신앙은 그것을 인간의 진리 추구를 구성하는 한 부분으로 보고 기꺼이 받아들인다. 과학이 데이터와 이론에 요구되는 바와 같은 합리적 검증의 잣대를 들이대면, 기독교 신앙은 정직하게 진리를 추구하는 모습을 보여주며, 이런 진리 추구가 합리적 동기에서 비롯되었다는 확신이 함께 따른다. 기독교 신앙은 자연에 대해 자신이 제시하는 설명이 다른 자료들이 알리는 내용과 깊이 조화를 이루기를 기대하며, 또한 실제로 그렇게 조화를 이룬다. 동시에 기독교 신앙은 자연을 나름의 특별한 방식으로, 즉 하나님이 지으신 것들로 묘사하고 서술하는 것이 자신의 당연한 권리임을 역설한다.

그렇다면 기독교 신앙은 실재를 어떤 방식으로 "볼" 수 있게 해주는가? 여기서 우리는 다음의 사실을 분명히 해두어야 한다. 즉 기독교 신앙을 자극하고 여기에 지식을 제공하는 풍부한 하나님 관(觀)이, 하나님을 비인격체로 보는 개념으로서 하나님의 존재를 변호하는 전통적 변증들에서 자주 볼 수 있는 개념들―예를 들어 그분을 우리로부터 멀리 떨어져 있는 분으로 묘사하면서 "신적인 시계 제조자"(the divine watchmaker)로 표현하는 개념―보다 훨씬 더 뛰어나다는 것이다. 오히려 실재는 기독교가 말하는 영광스러운 하나님 개념, 곧 성부와 성자와 성령 하나님으로 보는 개념―하나님을 창조하고 구속하고 거룩케 하시는 존재로 보는 개념, 또한 하나님을 이 순간에도 우리와 함께 계신 분인 동시에, 여전히 우주 안에 있는 질서와 존재의 초월적 근거로 보는 개념―에 비춰볼 때 제대로 보인다. 이런 하나님 개념은 우리를 움직여 하나님께 예배하고 기도하게 만든다. 반면에 하나님을 시계 제조자로 보던 이전의 하나님 개념은 기껏해야 그분의 능숙한 기술을 찬미하게 할 뿐이다.

이런 하나님 개념은 기독교 신앙에 뿌리를 두고 있으며, 실재를 성찰하는 과정을 인도하고 풍성하게 만든다. 기독교 신앙이 다루는 커다란 주제들은 자연을 들여다볼 수 있는 해석 틀을 제공함으로써, 자연을 심오하고 의미 있게 들여다보고 읽어내게 해준다. 기독교 신앙은 만병통치약이요 철학자의 반석으로서, 현세에 속한 것을 하나님의 본질을 드러내는 것으로, 자연계를 하나님이 창조하신 영역으로 바꿔준다.

기독교 교리는, 거대한 광경에 예리한 초점을 맞추는 렌즈처럼, 또는 우리 주위의 땅의 생김새를 파악할 수 있게 도와주는 지도처럼, 새롭게 이해하고 생각하고 행동할 길을 제공해준다. 기독교 신앙은 우리에게 자연계를, 그리고 그 자연계 안에 있는 우리 자신을 특별한 방법으로—자연계 자체는 단지 암시할 수 있을 뿐 확증해주지는 못하는 방법으로—바라보라고 권면한다. 기독교 신앙은 자연을 하나님이 지으신 것으로 "보고", "자연이라는 책"을 하나님의 이야기—그리고 우리의 이야기—로 읽는다. 마치 이것은 베일을 들어올린 것이나, 밝은 태양이 마음속에 자리한 광경을 밝게 비춰주는 것과 같다.

그렇다면 기독교 신앙은 우리가 자연을 바라보는 방법에 어떻게 영향을 미치는가? 이 틀은 우리가 관찰하는 것들을 얼마나 잘 설명해주는가? 지면에 한계가 있기 때문에, 나는 기독교 신앙이라는 틀이 가진 많은 측면 중 단 두 가지만 살펴볼 수밖에 없다. 우리는

"구원의 경륜"이라는 개념과, 인간이 하나님의 형상을 가졌다는 개념을 간단히 살펴보겠다. 이 둘은 각각 기독교가 말하는 실재 개념에 없어서는 안 될 요소들이다. 각 개념은 실재를 조명함으로써 실재가 가진 복잡한 광경을 해명해주고, 우리가 보는 것들을 이해하게 해준다.

우선 "구원 경륜"이라는 개념부터 살펴보자. 이 개념은 하나님이 세상과 주고받는 상호작용을, 창조와 타락과 구속과 마지막 완성을 담은 하나의 내러티브로 묘사할 수 있다는 생각을 제시한다. 구원 경륜의 개념은 신약성경이 분명하게 전개하고 있긴 하지만, 그 전통적 형식은 2세기 저술가인 리옹의 이레나이우스(Irenaeus of Lyons, 주후 약 140-200)가 제시했다.[9] 이레나이우스는 2세기 말 영지주의가 내놓은 구원사 해석에 맞서 구원 경륜을 파노라마와 같은 모습으로 제시하면서, 창조부터 마지막 완성에 이르는 역사의 모든 숨결이 유일하신 삼위 하나님의 역사임을 강조했다. 인간 관찰자와 그가 관찰하는 자연 속 사물들은 "이 시대 가운데"—신학적 관점에서 볼 때 창조 내러티브가 "좋다"라고 선언했던 창조로부터 멀리 떨어진 지점에—자리해 있다(히포의 아우구스티누스). 지금 이 창조는 탄식하고 있다. 바로 이 탄식이, 죄 때문에 판단이 가려지고 어두워진 인간들이 관찰하고 있는 바다. 이는 신학 면에서 타락한 인류가 타락한 자연계에 영향을 끼쳤다는 중대한 결론으로 이어진다.

우리는 이런 고찰의 중요성을 암시하는 힌트들을 신약성경에서 볼 수 있다. 가령 바울이 피조물을, 하나님을 아는 지식의 근거로 원용한다는 것은 잘 알려진 사실이다. 그러나 바울이 하나님을 피조물을 통해 알 수 있다고 주장한 것은 분명하지만(롬 1장), 다른 곳에서는 피조물이 "탄식함"을 언급함으로써(롬 8장) 그 주장을 부연한다. 피조 세계는 이전에 있었던 것으로부터 마지막 때에 있게 될 것으로 옮겨간다. 순수한 기독교 자연신학에는 심오한 종말론적 차원이 있다. 자연계를 비단 출발점뿐 아니라 종착점에 비춰서도 관찰해야 하기 때문이다. 따라서 바울이 한 말은 피조물이 원래 상태로부터 타락했다는 관점에서도 해석될 수 있지만, 동시에 미래에 일어날 피조물의 갱신과 회복을 소망함이라는 구약 선지서의 주제를 확장한 것으로도 해석될 수 있다.

이 점이 중요하다는 사실은, "왜 이 세상에는 악이 존재하는가?", "왜 이 선하다 하는 피조 세계 안에 고통이 존재하는가?" 같은 질문을 깊이 생각해보면 쉽게 알 수 있다. 구원의 경륜이라는 기독교의 틀은, 우리가 이런 문제를 신학 지도 안에 놓고 생각해봐야 한다는 것을 깨닫게 해준다. 세계는 선하게 지음 받았다. 그리고 언젠가는 이 세상이 훨씬 더 큰 선으로 회복될 것이다. 에덴동산과 새 예루살렘이라는 이미지는 이 내러티브의 핵심 요소들을 눈에 와 닿게 표현한 시각적 표지다. 현재 우리는 여정의 처음이나 끝에 있는 것이 아니라 이런 여정을 걸어가는 중이다. 중세 사람들은 종종 비아토르(viator, 여행자)라는 라틴어를 사용하여, 구원의 경륜이라는 맥락 속에서 여행길을 가고 있다는 개념을 표현했다.

구원의 경륜이 제시하는 신학 틀은, 하나님이 만물을 선하게 창조하셨고 이 만물들이 결국에는 선함을 회복할 것을 강조한다. 그러나 지금은, 마치 밀과 가라지가 한 밭에서 함께 자라듯이(마 13:24-30), 선과 악이 공존한다고 말한다. 이 신학 틀은 하나를 다른 하나 속에 묻어버리지 않고, 선과 악을 창조와 타락과 성육신과 구속과 마지막 완성이라는 신학적 궤도가 그리는 맥락 속에 놓고 볼 수 있게 해준다.

우리가 살펴볼 둘째 테마는, 하나님이 "하나님의 형상"을 가진 인류를 지으셨다는 것이다(창 1:27). 통례적으로 기독교 신학자들은 이 테마가 두 가지 중요 주제를 강조한다고 해석한다. 첫째, 인간은 다른 사람들과 사귐을 갖는 것과 유사한 방법으로 하나님과 사귐을 가질 수 있다. 둘째, 인간은 하나님이 지으신 피조 세계를 이해할 수 있는 능력을 가진 존재로 지으심을 받았다. 4세기 신학자인 아타나시우스(Athanasius, 293-373)는 두 번째 점을 다음과 같이 요약한다. 즉 하나님은 인간을 이렇게 창조하셨으니, 곧 "하늘의 높은 곳들을 들여다보고 피조 세계의 조화를 인식함으로써, 이 인간들이 피조 세계를 다스리는 분을, 그리고 만물을 주재하시는 당신 자신의 섭리를 통해 당신을 만물에게 알려주시는 아버지의 말씀을 알 수 있게" 창조하셨다.[10] 아타나시우스는 인간 본성이 죄로 말미암아 부패했다고 주장한다. 그러면서도 그는 여전히 인간이 피조 세계 안에서 창조주를 찾아낼 수 있게 하나님이 주신 능력을 갖고 있다고 주장한다.

바로 이 점이 우주와 관련하여 가장 큰 논란을 일으키는 특징들 가운데 하나, 곧 우주가 이해 가능하다는 점을 다룰 때 중요하다. 과학의 진보를 통해 우리는 자연계의 많은 부분이 본디 설명 가능하다는 것을 알게 되었다. 그래서 신비의 개념이 제거되어버린다고 보는 이들도 일부 있겠지만, 이것이 훨씬 더 심오한 질문—곧 "왜 우리는 사물들을 설명할 수 있는가?"—을 일으킨다고 올바로 지적하는 이들도 있다. 앞에서 우리는 알버트 아인슈타인의 언급, 즉 "세계가 지닌 영원한 신비는 세계를 이해할 수 있다는 것이다"를 인용한 바 있다. 아인슈타인은 설명할 수 있다는 것 자체야말로 분명히 설명이 필요하다고 보았다. 우주를 놓고 볼 때 가장 이해할 수 없는 일은 바로 우주를 이해할 수 있다는 것이다. 자연과학은 자연계를 **이해할 수 있다는 사실**을 실증해 보인다. 이 이해할 수 있음은, 인간의 지성과 우주의 구조 사이에 이런 근본적 조화가 존재하는 이유가 무엇인가 하는 질문을 일으킨다. 삼위일체적 시각에서 볼 때, 인간의 지성과 우주의 심오한 구조 사이에 존재하는 이런 조화는, 자연의 근본 질서 그리고 자연을 관찰하는 인간을 지으신 하나님의 합리성 때문이라고 설명할 수 있다.

신학자요 물리학자인 존 폴킹혼(John Polkinghorne, 1930-)은 이 점이 중요함을 간파한 많은 이들 가운데 한 사람이다. 폴킹혼은 "현대 과학은 십중팔구 그 너머를 가리키는 것 같다"라고 지적한다. 우주를 이해할 수 있는 우리의 능력을 우연이라거나 그냥 되는대로 생겨난 것이라고 주장하지 않는 이상, 과학을 통해 질서 있고 이해 가능하다고 밝혀진 우주는 분명히 설명을 필요로 한다.

> 세계가 이해 가능하다는 사실에 익숙해지다 보니, 우리는 대부분 이것을 당연하게 받아들인다. 하지만 과학이 가능한 것은 바로 이 사실 때문이다. 우리가 세계를 이해할 수 없었다면 다른 결과가 벌어졌을 수도 있다. 우주는 질서 있는 코스모스라기보다 질서가 없는 카오스가 되었을지도 모른다. 아니면 우주는 우리가 다가갈 수 없는 종류의 합리성을 갖게 되었을지도 모른다.⋯ 우리 지성과 우주 사이에는, 내부에서 체험되는 합리성과 외부에서 관찰되는 합리성 사이에는 어떤 조화가 있다.[11]

폴킹혼에 따르면 "다른 방법으로는 이해 불가능한 행운이었을 것을, 지적인 측면에서 만족스럽게 이해하고자 하는 요구"가 분명하게 존재한다. 이 때문에 과학자와 신학자는 모두 믿음에 근거하여, 곧 우리가 경험을 이해한 내용이 이성에 비추어 믿을 수 있다는 신뢰에 근거하여 일한다.

앞서 우리는 자연법칙의 중요성을 강조했다. 그렇다면 이런 물리 법칙들은 실제로 어디에서 유래했는가? 이것들은 왜 지금과 같은 형태로 존재하는가? 왜 수학은 이 물리 법칙들을 잘 대변할 수 있는가? 보통 무신론자들은 물리 법칙이 현재와 같은 형태를 갖게 된 데에는 아무 이유가 없다고 대답한다. 그것들은 그냥 그렇게 존재하는 것이기에 달리 설명할 필요가 없다는 것이다. 그들은 이런 자연법칙들이 존재하는 데에는 아무런 이유도 없으며, 어떤 이유도 필요하지 않다고 주장한다. 그러나 이런 주장이 옳다면, 우주는 결국 엉터리라는 주장이 가능할 것이다. 우주가 현재와 같은 법칙이나 형태를 가진 이유를 전혀 제시할 수 없기 때문이다. 이렇게 되면 결국 모든 과학 작업—결국 이런 작업은 물리 현상들에 합당한 이유가 있으며, 그 현상과 이유를 해명하는 설명들은 이성과 논리에 부합한다는 생각에 근거하여 이루어진다—은 불합리 또는 우연에 근거하고 있다는 당혹스러운 결론에 이르게 된다. 그렇다면 우리는 이런 엉터리 우주가 수학자들이 제시하는 합리적 우주와 닮아 보이는 이유가 무엇인지 물을 수밖에 없다. 수학자들은 물론이요 우주학자들에게도 어쩌면 그것은 순전히 우연이요 한 조각 행운일지도 모른다.

이 책이 주장하는 논지는, 기독교가 다른 것은 밝히지 못하는 캄캄하고 수수께끼 같은 세계를 밝히 설명해주는 지적 태양을 제공한다는 것이다. 기독교는 이론과 관찰 결과 사이에서 대단히 만족스러운 "경험적 적합성"을 제공한다. 이는 곧 기독교가 그려 보이는 실재의 지도(map of reality)가 신뢰할 만함을 뜻한다. 이어서 우리는 기독교가 세계의 몇 가지 측면을 어떻게 설명하는지 살펴보겠다.

우선 우주의 시작과 관련하여 우리가 알고 있는 것부터 곱씹어 보자.

우주의 기원에 관한 우리 시대의 생각에 따르면, 처음에는 빅뱅이 있었고 이어서 우리가 지금 알고 있는 우주가 점차로 나타났다.[1] 그러나 우주의 진화를 이뤄내는 것은 자연의 기본상수들이다. 방금 이야기한 우주 내러티브를 면밀히 검토해보면, 우주의 형체와 결과물을 결정한 것은 대단히 중요한 몇몇 인자(因子)들이다. 분명히 자연계에는 변하지 않는 어떤 속성들이 존재하며, 이 자연계를 구성하는 기본 요소들이 있다. 이런 속성들과 기본 요소들 때문에 자연을 구성하는 거의 모든 사물들의 총 크기와 구조는 불가피하게 지금과 같은 크기와 구조를 가질 수밖에 없었다. 별과 행성 같은 물체의 크기는 제멋대로 결정된 것도 아니고, 어떤 점진적 선택 과정이 만들어낸 결과도 아니다. 그 크기는 다만 자연에 있는 다양한 힘들이 서로 다른 크기로 작용하여 나타난 결과다. 만일 그 힘들의 크기가 달랐다면, 우주는 지금과 아주 다른 형태를 가졌을 것이다. 인류도 여기에 존재하지 않았을지도 모른다. 그리스도인들은 우주를 피조물로 보면서, 창조주가 이 우주라는 피조물에 딱 들어맞는 자연법칙들을 부여하셨다고 본다. 이 자연법칙들 덕분에 자연은 아주 풍성한 역사를 가지며 인류를 등장시킬 수 있었다.

17세기 이래 오랫동안 통용된 가설은, 생명체를 가진 우주가 등장하는 데는 어떤 특별한 선결 조건들이 필요하지 않다는 것이었다.[2] 그러나 지난 수십 년 사이에 이런 통설은 분명히 옳지 않음이 밝혀졌다. 점점 더 많은 사람들이 깨닫게 된 새로운 사실은, 만일 무거운 요소들, 행성들, 나아가 복잡한 생명체들이 발전하려면, 우주에 처음 존재했던 조건들은 믿기 어려울 정도로 비상(非常)한 확률로 우연히 맞아떨어져야 한다는 사실이었다. 생명체를 지닌 우주의 속성들은 자연의 근본을 이루는 힘들과 상수들의 값에 대단히 민감하다. 이론물리학자인 리 스몰린(Lee Smolin, 1955-)은 별들의 발전과 관련하여 이 점이 중요함을 지적한다.

별들이 존재하는 것은 자연 속의 서로 다른 힘들 사이에 몇 가지 정밀한 균형이 존재하기 때문이다. 이런 정밀한 균형이 존재하려면 이런 힘들이 얼마만큼 강하게 작용할지 제어해주는 변수들이 정교하게 조율되어 있어야 한다. 많은 경우, 다이얼이 한 방향 혹은 다른 방향으로

조금만 돌아가도 별들이 없는 세상이 나타나고 우리 우주보다 훨씬 더 못한 구조가 이루어질 것이다.[3]

생명을 지닌 우주는 사람들이 깨달았던 것보다 훨씬 더 많은 제약 아래 놓여 있다. 이 때문에 많은 사람들은, 우주가 생명체가 존재할 수 있게끔 "정교하게 조율되어" 있다고 말했다. 우주의 심오한 구조는 생명체가 존재할 수 있게 설계된 것처럼 보인다.[4]

자주 "정교한 조율"이라는 표현은, 우주의 기본상수들이 지닌 값들과 우주의 최초 상태가 지닌 특성이, 지적 생명체가 출현하여 자라갈 수 있는 특별한 종류의 우주가 등장하도록 만드는 데 결정적 역할을 했다는 과학적 깨달음을 가리키는 말로 사용된다. 근래 나온 많은 과학 연구서들은 우주의 기본상수들이 중요한 의미를 가진다고 강조했다. 이런 상수들에 조금이라도 변화가 있었으면, 인간이라는 존재의 등장에 중대한 영향을 미쳤을 것이다.[5] 우주물리학이, 우주의 기본상수들이 "정교하게 조율되어 있다"며 제시하는 예들 중에는 다음과 같은 것들이 있다.

1. 만일 강한 결합상수(strong coupling constant)가 조금이라도 작아진다면, 수소가 우주의 유일한 원소가 될 것이다. 우리가 알고 있는 생명의 진화는 본디 탄소의 화학 특성들에 의존하고 있다. 때문에 일부 수소가 융합을 통해 탄소로 바뀌지 않았다면 생명체는 존재할 수 없었을 것이다. 반면 강한 결합상수가 조금이라도(단 2퍼센트만이라

도) 커졌다면, 수소는 헬륨으로 바뀌었을 것이며, 결국 오랫동안 생명을 이어온 별들은 하나도 만들어지지 않았을 것이다. 그런 별들은 생명체의 등장에 필수 불가결하다고 여겨진다. 때문에 그런 변화가 있었다면 우리가 아는 생명체는 등장할 수 없었을 것이다.

2. 만일 약한 미세상수(weak fine constant)가 조금이라도 작았다면, 우주의 초기 역사 동안에 수소는 전혀 만들어지지 않았을 것이다. 그러면 결국 별들도 전혀 만들어지지 않았을 것이다. 반면 그 상수가 조금이라도 커졌다면, 초신성들은 생명체에게 필요한 더 무거운 원소들을 방출하지 못했을 것이다. 어느 경우든, 우리가 아는 생명체는 나타날 수가 없었을 것이다.

3. 만일 전자기 미세구조상수(electromagnetic fine structure constant)가 조금이라도 커진다면, 별들은 우리가 알고 있는 형태로 생명체를 유지하는 데 충분한 온도만큼 행성을 덥힐 수 있을 정도로 뜨거워지지 않았을 것이다. 만일 그 상수가 작아진다면, 별들이 너무 빨리 불타 없어져서 이 행성들 위에서는 생명체가 진화할 여지가 없었을 것이다.

4. 만일 중력 미세구조상수(gravitational fine structure constant)가 조금이라도 작아진다면 별들과 행성들은 만들어질 수가 없었을 것이다. 별들과 행성들을 구성하는 물질을 결합하는 데 필요한 중력의 제약이 없었을 것이기 때문이다. 만일 중력 미세구조상수가 커진다면, 그렇게 만들어진 별들은 너무 빨리 불타 없어져서 생명체의 진화는

일어나지도 않았을 것이다.

여기서 깨달아야 할 중요한 점은, 앞의 네 가지 사항이 모두 **사실과 반대되는 조건을 내건 가정법 형태로 되어 있다는 것이다.** 우리는 이런 상수들이 다른 값을 가지는 또 다른 세계를 그려본 뒤, 이 가정적 세계를 우리가 실제로 알고 있는 현재 세계와 비교해보라는 요구를 받는다. 이 상수들 가운데 어느 것이라도 조금만 변한다면 아주 다른 결과가 나타날 것이다. 유신론자들에게 이 점이 시사하는 바는 분명하다. 종교철학자이자 과학철학자인 존 레슬리(John Leslie, 1940-)가 예리하게 설파하듯이, "하나님은 당신이 어떤 물리학을 고르실지 세심하게 마음을 쓰셔야 했을 것이다."[6]

우리는 다음과 같은 가상 실험을 상상해볼 수 있을 것이다. 즉, 우리로 하여금 우주의 근본 특성들 가운데 몇 가지의 값을—가령 약한 핵력(核力) 같은 값을—바꾸게 하고 그런 뒤 이런 값들이 우리가 실제로 관찰하는 것들에서 크게 달라지면 (적어도 이론상) 무슨 일이 일어나는지 알 수 있게 해주는 기계가 고안되었다고 가정해보자. 우리에게 익숙한 현재의 우주가 만들어지려면, 어떤 기본상수들이 취해야 하는 값들은 그 범위가 놀라울 정도로 엄격하게 한정되어 있어야 한다. 이 때문에 영국의 물리학자이자 방송인인 폴 데이비스(Paul C. W. Davies, 1946-)는 하나님을 일컬어 우주의 "정교한 조율자"라고 불렀다.

우리가 알고 있는 생명체는 물리학 법칙의 형태에 따라, 그리고 자연이 다양한 입자 덩어리들, 힘의 크기 등등의 값으로 실제 선택한 것들에서도 우연처럼 보이는 몇몇 사건에 따라 결정된다. 만일 우리가 하나님 역할을 할 수 있어서 계기판 손잡이들을 돌려 우리 마음대로 자연에 존재하는 이런 양(量)들의 값을 고를 수 있다면, 거의 모든 손잡이를 조정할 경우 우주가 생명이 살 수 없는 곳이 되어버린다는 것을 발견할 것이다. 생명체가 우주 안에서 번성하려면, 일부 계기판 손잡이는 무시무시하게 정확하다 싶을 정도로 정교하게 조정되어 있어야 한다.[7]

여기서 "정교한 조율"이라는 개념의 발전 과정에서 나타난 몇 가지 이정표들을 짚어봐야 한다. 1973년, 물리학자인 베리 콜린스(Barry Collins)와 스티븐 호킹(Stephen William Hawking, 1942-)은 물리상수가 가질 수 있는 모든 값 가운데 우주가 처음에 가졌던 상당히 좁은 범위의 조건들만이, 실제로 존재하는 이 우주에서 관찰할 수 있는 균등성(isotropy)을 만들어낼 수 있다고 지적했다.[8] 우리가 알고 있는 이 우주를 만들어내려면 보통을 훨씬 뛰어넘는 특별한 정도의 제약이, 우주가 처음 가졌던 에너지에 가해져야 했다. 그들에게는 이 결과가 당혹스러웠다. 이미 학계가 받아들인 이론들은 우주가 다른 식이 아니라 이런 식으로 나타났다는 사실을 전혀 설명해주지 못했기 때문이다. 콜린스와 호킹은 우주가 처음에 너무 큰 중력 에너지를 가졌다면 별들을 만들어내기도 전에 다시 붕괴되었을 것이요, 너무 적은 중력 에너지를 가졌다면 은하들과 별들에서 중력이 응집할 수 없었을 것이라고 주장한다. 따라서 처음에 존재했을 수 있는 많은 오메가(Ω) 값(우주의 임계 밀도*에 대한 우주의 실제 평균 밀도의 비율) 가운데, 인간이라는 생명체는 오메가의 첫 값이 거의 정확히 1인 우주에서만 등장할 수 있었다.

1년 뒤에 브랜든 카터(Brandon Carter, 1942-)는 자신의 논문에서 "인간 중심 원리"라는 개념을 발표했다. 그는 이 원리를 다음과 같은 두 가지 형태로 이야기했다. 약한 인간 중심 원리(the weak anthropic principle)에 따르면, "우리가 관찰하리라고 예상할 수 있는 것들은, 관찰자인 우리가 존재하는 데 필요한 조건들의 제약을 받을 수밖에 없다." 강한 인간 중심 원리(the strong anthropic principle)에 따르면, "우주는 (따라서 이 우주가 의존하는 기본 변수들도) 어느 단계에서 관찰자들이 이 우주 안에서 창조될 수 있도록 해주는 것이어야 한다."[9]

사색에서 나온 이런 탐구들이 정점에 이른 것은, 1986년 존 배로우(John David Barrow, 1952-)와 프랭크 티플러(Frank Jennings Tipler, 1947-)가 이정표라 할 저술인 『인간 중심적 우주 원리』(Anthropic Cosmological Principle)를 출간한 때였다. 이 책은 "우주 원리"를, 이름 없는 학술지의 페이지나 채우던 지위에서 대중문화로 끌어올렸다.[10] 또한 이 과정에서 많은 신학적 문제들을 불러일으키기도 했는데, 그 중 하나

* 우주가 팽창하느냐 수축하느냐를 결정짓는 밀도 상태를 말한다.

가 "인간 중심 원리"는 변증할 가치가 있는가라는 문제였다. 배로우와 티플러는 자연에 존재하는 상수들이 하는 역할과 이 상수들의 크기에 일어난 조그만 변화들이 놀랍도록 큰 영향을 미친다는 것을 폭넓게, 그러면서도 쉽게 설명한다. 『인간 중심적 우주 원리』는 대단히 특이하고 우연의 일치처럼 보이는 것들로서, 생명체가 존재할 수 있게 한 것으로 보이는 것들을 제시한다. 계속해서 배로우와 티플러는, 이 세계가 생물학이 말하는 생명체가 존재할 수 있도록 분명히 "정교하게 조율"되어 있음을 설명할 수 있는 세 가지 방법을 제시한다. 즉 "약한" 인간 중심 원리, "강한" 인간 중심 원리, "마지막" 인간 중심 원리가 그 세 가지 형태다. 과학계에서는 이 세 모델들을 이미 알고 있었다. 하지만 배로우와 티플러 덕분에 훨씬 더 광범위한 독자들이 이것들을 알고 이해할 수 있게 되었다. 미국의 과학철학자 로버트 클리(Robert Klee)의 표현에 따르면, 배로우와 티플러가 쓴 이 책은 금세 "인간 중심 추론의 경전"이 되었다.

배로우와 티플러는, 세계가 "설계"되었다는 이야기가 근래에 들어와 새롭게 등장한 것이라는 항간의 대중 신화에 이의를 제기한다. 그들이 올바로 지적하듯이, "설계설"은 지극히 오래되고 근본적인 문제들 가운데 하나로서, 오랜 역사와 누가 봐도 분명해 보이는 지적 중요성이 이 문제에 정당성을 부여한다. "아리스토텔레스식 과학은 지적 자연계가 어떤 진지한 설계에 따라 기능한다는 전제에 그 바탕을 두고 있었다." 19세기 초, 대중에게 인기 있었던 영국의 종교 작가 윌리엄 페일리(William Paley, 1743-1805)는 몇 가지 새로운 방향에서 "설계 논증"(argument from design)을 전개했다.[11] 하지만 우리 시대에는 그의 접근법이 만족스러운 것으로 여겨지지 않는다. 페일리가 지적·신학적 측면에서 무시당하는 불운은 분명히 현 시대에 국한된 것이지만, 그래도 그의 이런 불운 때문에 사물들이 왜 지금과 같은 형태로 존재하는가라는 문제—사실상, 사물들이 대체 왜 존재하는가라는 문제—가 부인되어서는 안 된다.

배로우는 이런 문제를 이후 작품에서 다루면서, 신학자와 철학자들이 아주 상이한 두 가지 형태의 설계 논증을 사용한다는 것을 올바로 강조한다. 첫째는 페일리의 『자연신학』에서 대부분을 차지하는 생물학 부분에서 만날 수 있는 논증인데, 이 논증은 "자연법칙의 좋은 결과들"에 근거하고 있다. 이 논증은 쉽게 파악할 수 있지만, 심각한 취약점을 갖고 있다. 이 논증에서는 하나님을 쉽게 제거해버릴 수 있다(다윈이 자연선택설을 펴내기 오래전부터 시작된 진전 양상이었다). 내가 보기에 이 논증은 다름 아닌 이신론에 이를 뿐이며, 기독교와 결합되어 있는 풍부한 삼위일체 하나님 관을 제시하기보다, 상당히 빈약해진 하나님 개념을 내놓을 뿐이다.

배로우가 말하는 두 번째 접근법은 "좋은 법칙들"에 근거한 것이다. 자연법칙들은 어디에서 유래하는가? 만일 우주가 놀라울 정도로 짧은 시간 안에 존재하게 된 동시에, **이미 그 안에 장차 이루어질 우주의 발전을 제어할 법칙들을 갖고 있었다면**, 이런 법칙들의 기원과 특성이라는 문제에는 변증이 아주 중요한 것이 되어버린다. 배로우가 올바로 지적하듯이, 두 번째 설계 논증은 하나님을 염두에 두지 않으면 설명하기가 훨씬 더 어렵다. 결국 자연법칙들은 분명히 자연선택의 결과가 점차 축적되는 과정을 거쳐 존재하게 된 것이 아니다. 인간을 중심으로 삼아 사물들을 읽어낼 경우, 빅뱅에서 등장한 우주는 이미 정교하게 조율되어 탄소에 바탕을 둔 생명 형태들의 등장을 촉진하는 법칙들의 통제를 받고 있었다.

근래에 나온 상당히 쉬운 저작들은 대부분, 우주가 정교하게 조율되어 있음을 고찰하고 있다.[12] 우리 목적을 고려할 때, 여기에서는 이런 현상을 더 확대하여 분석하기보다, 이 현상을 설명해주는 몇 가지 특징들을 언급하는 것으로 충분하겠다. 문헌들이 다루는 논쟁의 주관심사는, 이런 현상들이 존재한다는 것은 대체로 인정하면서 이 현상들을 **해석**하는 것이다. 요컨대 만일 우주의 발전을 제어하는 어떤 기본상수 값들이 조금이라도 달라졌다면, 우주는 다른 경로를 거쳐 진화해갔을 것이며 결국 이 우주는 생명체가 살 수 없는 곳이 되어버렸을 것이다. 이 분석에서 놀라움을 안겨주는 요소는 이런 상수들 가운데 몇 가지가 단지 조금만 변해도 우주의 진화에는 엄청난 영향을 미친다는 점이다.

근래 우주의 기본상수들이 이루는 절묘한 균형의 중요성을 이야기한 글을 읽어보려면, 영국을 이끄는 과학자들 모임인 런던 왕립협회(Royal Society of London) 현 회장인 마틴 리스 경(Martin John Rees, 1942-, 영국의 천체물리학자)의 글을 참조할 수 있다.[13] 그가 이 상수들을 분석해놓은 내용은 다음과 같이 요약할 수 있다.

1. **전자기력 대 중력의 비율**. 이는 두 양자 사이의 인력이 나눠놓은 두 양자 사이의 전기력(쿨롱의 힘)이라는 말로도 표현할 수 있다. 이는 원자들 사이의 인력 때문에 나눠져 있는 원자들을 결합시켜주는 전기력의 크기를 측정한 것이다. 만일 이 비율이 실제 우리가 관찰하는 값보다 조금이라도 더 적다면, "오직 단명(短命)하는 미니어처 우주만이 존재할 수 있을 뿐이다. 어떤 피조물도 곤충보다 더 크게 자라날 수는 없을 것이며, 생물의 진화가 이루어질 시간도 없을 것이다."

2. **강한 핵력(核力)**. 이는 원자핵들이 얼마나 견고하게 결합해 있는지 정의해준다. 이 힘은 "태양으로부터 오는 힘을 제어하고, 더 섬세하게, 별들이 수소를 주기표에 있는 모든 원자로 바꿔주는 과정을 제어한다." 다시 말하지만, 이 상수 값은 대단히 중요하다는 사실이 드러난다. 이 값이 조금만 달라져도 우주의 발전 안에 우리는 존재하지 않을 것이다.

3. **우주 안에 있는 물질의 양**. 우주론에서 말하는 숫자(우주의 평

균 밀도)는 우리가 사는 우주에 있는 물질－은하들, 발산 가스, 소위 암흑 물질과 암흑 에너지 같은 것들－의 양을 나타내는 수치다. 오메가는 우주 안에서 중력과 팽창 에너지가 가지는 상대적 중요성을 우리에게 말해준다. "만일 이 비율이 특별한 '임계'치와 비교하여 너무 높았다면, 이 우주는 오래전에 붕괴되었을 것이며, 너무 낮았다면, 은하나 별들이 전혀 만들어지지 않았을 것이다. 처음부터 우주의 팽창 속도가 정교하게 조율되어 있었던 것 같다."

4. **우주 척력.** 1998년, 우주물리학자들은 우주의 팽창을 통제하는 데 우주 척력(cosmic antigravity)이 중요할 뿐 아니라, 특히 우리가 사는 우주가 훨씬 더 어두워지고 공허해짐에 따라 이 우주 척력의 중요성도 더 커진다는 것을 알게 되었다. "우리에게는 다행한 일이지만(더불어 이론가들에게도 대단히 놀라운 일이지만), 람다(λ)*는 아주 작다. 람다 값이 아주 작지 않았으면, 그 영향 때문에 은하들과 별들이 만들어지지 않았을 것이요, 우주의 진화는 미처 시작되기도 전에 질식하고 말았을 것이다."

5. **중력의 속박력**(중력의 묶어두는 힘, gravitational binding force)**과 정지 질량 에너지**(rest-mass energy) Q**의 비율.** 이 비율은 우주의 "짜임새"를 결정하는 데 대단히 중요하다. "만일 Q가 더 작았다면, 이 우주는

---

* 우주에서 중력을 저지하는 척력을 나타내는 글자. 우주 안에 있는 암흑 물질의 양을 좌우하는 우주 상수라고 하는데, 이것과 오메가를 합친 값이 1이라고 한다.

활력도 없고 구조도 없었을 것이다. 만일 Q가 훨씬 더 컸다면, 우주는 맹렬한 곳이 되어, 별들이나 태양계도 살아남지 못하고 거대한 블랙홀들이 지배하는 곳이 되어버렸을 것이다.

6. **공간 차원들의 수 D.** 이 차원들을 나타내는 수는 3이다. 끈 이론*은 우주 발생 당시 본디 있었던 열 개 내지 열한 개 차원들 가운데 오직 세 차원만이 단단하게 결합되었다고 주장한다. 물론 시간은 네 번째 차원으로 다룬다. 리스는 "만일 D가 2나 4였다면 생명체가 존재하지 않았을 것"이라고 말한다.

이 여섯 가지 점들은 기본상수 값과 관련된 일련의 관찰 결과들, 또는 우주의 첫 경계 조건들(initial boundary conditions)을 포함하는 쪽으로 쉽게 확장할 수 있다. 프리먼 다이슨(Freeman John Dyson, 1923-)이 언급했듯이, "우주를 살펴보고 우주의 세부 구조들을 연구하면 할수록, 나는 우주가 어떤 의미에서는 우리가 장차 등장하리라는 것을 틀림없이 알았으리라는 증거를 더욱더 많이 발견한다."

그렇다면 우리는 우주론의 이런 새로운 발전 양상을 어떻게 평가해야 할까? 분명히 이런 발전 양상들은 신학 면에서 상당한 중요성을 가진다. 비록 다른 목소리들이 있긴 하지만, 그래도 "새 우주론"이 유신론과 조화를 이룬다는 데 많은 이들이 널리 동의하고 있

---

* string theory. 우주를 구성하는 기본 물질이 입자가 아니라 가느다란 끈으로 되어 있다고 주장하는 이론이다.

다. 일부 사람들은 여기서 더 나아가, 정교한 조율이라는 현상이 신학적 유신(有神) 논증과 우주론적 유신 논증처럼 하나님이 존재하심을 주장하는 더 엄격한 형태의 귀납적 또는 연역적 논증들에 새 생명을 불어넣는다고 주장한다. 단지 이 지구 위에 있는 생명뿐 아니라 우주 전체가 역사를 갖고 있다는 깨달음은 생명의 등장에 관한 우리의 이해에 큰 영향을 미친다. 이런 점은 생물학을 다룬 저작들에서 종종 무시되어 왔다. 예를 들어, 생물의 진화를 다룬 많은 설명들은 종종, 생명체에게 반드시 있어야 할 화학 물질들이 우주 안에 존재하며 이 물질들이 지닌 물리적 특성들이 생명체의 등장과 발전을 촉진한다는 사실이 전혀 중요하지 않다고, 어쩌면 아예 관심거리조차 되지 않는다고 여겼다.

이처럼 정교한 조율이라는 문제는 우주론과 관련된 논의에 국한되지 않는다. 1990년경부터는 점점 더, 다른 과학 분과들에서도 비슷한 해석이 나올 것이라는 인식이 커지고 있다. 특히 생물학과 천체물리학의 근본 원리들 사이에 상관관계가 있다는 인식이 증가해왔다. 다음 장에서는 이런 발전 양상들을 살펴보고 이어서 이 상관관계가 가지는 의미를 더 충실히 살펴보도록 하겠다.

9장
생명의 가능성이 지닌 신비

지난 세대에 과학이 이룬 가장 중요한 발견 중 하나는 우주가 바로 그 시초부터 인간이 존재할 가능성을 가지고 있었다는 것이다. 자연법칙들은 생명체가 존재할 수 있게끔 "정교하게 조율"되어 있는 것 같다. 앞장에서도 말했듯이, 초기 우주가 만들어낸 것은 겨우 수소와 헬륨 정도였다. 그러나 생명체가 의존하는 화학 작용은 결국 탄소의 화학 작용이며, 우주를 통틀어 이 탄소가 만들어질 수 있는 곳은 오직 한 곳, 별들 내부뿐이다. 만일 자연의 기본상수들이 지금 실제로 존재하는 것과 다르다면, 별들은 결코 만들어지지 않았을지도 모른다. 생명이 의존하고 있는 더 무거운 원소들—가령 탄소와 질소와 산소—은 모두 별의 핵 안에서 만들어졌다.

그렇다면 우리는 생명의 기원을 어떻게 설명해야 하는가? 사실이 문제의 해답을 아는 이는 아무도 없다. 하지만 분명히 말할 수 있는 것은, 우주의 초기 역사에서는 생화학의 측면에서 대단히 중요한 원소인 탄소와 질소와 산소 같은 원소들이 만들어지지도 않았고 만들어질 수도 없었다는 사실이다. 이런 원소들이 존재하게 된 것은 물질이 "덩어리로 뭉치거나" 혹은 "융합"하여 별들이 되고, 뒤이어 핵융합 반응이 시작된 데 따른 결과다. 탄소는 생명체에 필수불가결이다. 그러나 탄소의 기원은 우주가 빅뱅 뒤에 어떻게 발전되어갔느냐에 철저히 달려 있다. 중력의 속박력과 정지 질량 에너지의 비율은 물질이 점차 "단단한 덩어리로 뭉쳐져" 더 큰 덩어리인 별들이 되게 한다. 별들은 희박한 성간매질(星間媒質, interstellar medium) 속에 있는 거대한 구름 같은 물질 속에서 일어난 거센 운동의 결과로 만들어졌다. 사람들은 탄소로부터 시작하여 그보다 더 무거운 우주의 모든 원소들이 별들 안에서 일어난 핵융합으로부터 만들어졌지, 처음에 있었던 불덩어리에서 직접 만들어진 것이 아니라고 믿는다. 별들이 만들어지지 않았다면, 우주에는 수소와 헬륨만 있었을 것이며, 리튬과 베릴륨 같은 다른 원소들이 단지 소소한 비율로 존재했을 것이다.[1]

따라서 탄소, 질소, 산소의 핵합성*은 생명체의 등장에 필수

---

* nucleosynthesis. 천문학, 우주물리학에서 사용되는 개념으로, 한두 가지 간단한 원자핵으로부터 모든 원소가 만들어진 현상을 가리킨다.

불가결한 일이었다고 봐야 한다. 탄소가 만들어지려면 중간물질 (intermediate)인 원소 베릴륨과 관련된 이중 과정을 거쳐 세 헬륨 핵들 (이 핵들은 "알파 입자들"로도 알려져 있다)이 융합하는 일이 이루어져야만 한다. 먼저 두 헬륨 핵들이 융합하여 베릴륨을 만들어내고, 이어 이 베릴륨은 세 번째 헬륨 핵을 붙잡아 탄소를 만들어낸다. 우리는 이를 다음과 같은 전문 공식으로 제시할 수 있다.

$$^4He + {}^4He \rightarrow {}^8Be$$

$$^8Be + {}^4He \rightarrow {}^{12}C$$

이런 융합 과정은 고온 헬륨이 풍부하게 존재하는 별들의 내부에서, 오직 아주 고온일 때에만 급속하게 일어난다. 이런 이중 융합이 일어날 개연성은 아주 낮다. ^8Be은 대단히 불안정하고 단명(短命)하는 핵이기 때문이다. 이는 "베릴륨 병목"(beryllium bottleneck)으로 이어져 산소를 비롯한 더 무거운 핵들을 만들어내는 것을 막을 수도 있다. 다음과 같이 탄소 핵 하나가 또 다른 헬륨 핵 하나와 융합해야 산소라는 더 무거운 핵이 만들어지기 때문이다.

$$^{12}C + {}^4He \rightarrow {}^{16}O$$

그러나 만일 모든 ^{12}C가 ^{16}O로 바뀐다면, 탄소는 생명체를 등장시킬 수 있을 만큼 충분한 양이 만들어지지 않았을 것이다.

1950년대에 천문학자인 프레드 호일(Fred Hoyle, 1915-2001)은 인간 중심 논증*이라는 것이 확연히 드러나는 자신의 언급에서, 생명체가 존재하는 데 충분한 양만큼 탄소와 산소를 만들어내는 탄소 핵화학 작용에는 필시 아직도 밝혀지지 않은 측면이 남아 있다고 주장했다. 그가 보기에, 이 작용을 설명하는 탄소의 심오한 구조에는 아직도 발견되지 않은 어떤 비밀이 있는 게 틀림없었다. 호일의 요청에 따라 이 문제를 탐구하여 비밀을 밝힌 이는 윌리엄 파울러(William Fowler, 1911-1995)였다. 산소 핵과 탄소 핵이 가지는 에너지 준위**는, 우리가 알고 있는 생명체들같이 탄소에 근거한 생명체들에게 필요한 비율로 산소와 탄소를 만들어낼 만큼 "한 치의 오차도 없이 정확했다."

훗날 호일은 한 고찰에서, 이 놀라운 관찰 결과가 신학과 관련하여 암시할 수 있는 의미를 깊이 생각해보았다.

윌리 파울러와 나는 1953년부터 줄곧, ^{12}C의 핵 속에 있는 7.65 MeV(백만 전자볼트) 에너지 준위와 ^{16}O 안에 있는 7.12 MeV 에너지 준위의 독특한 관계에 흥미를 가져왔다. 만일 별의 핵합성으로 탄소와 산소를

* anthropic argument. 생명체가 처음 출현할 때부터 인간의 등장이 계획되어 있었다는 주장이다.
** energy level. 원자와 분자가 갖는 에너지 값이다.

대략 같은 양만큼 만들어내길 원한다면, 여러분은 이 두 에너지 준위에 맞춰야 할 것이며, 여러분이 맞출 에너지 준위는 지금 우리가 실제로 발견하는 에너지 준위와 딱 들어맞아야 할 것이다. 그렇다면 이것도 미리 짜인 각본에 따른 일이 아니었을까? 앞과 같은 논증을 따르자면, 나도 그런 생각을 하게 된다. 사실들을 상식으로 해석한 결과는, 어떤 초지성(superintellect)이 화학과 생물학은 물론이요 물리학도 가지고 놀았으며, 자연 속에서 이야기할 만한 가치가 있는 힘들 중 아무 목적 없는 힘은 없다는 것을 일러준다.[2]

이처럼 생명의 기원은 인간 중심적임을 의심할 수가 없다. 생명의 기원은 자연의 기본상수 값들에 의지하고 있기 때문에, 우주는 원자인 수소 형성에서 더 나아가 생물학상 긴요한 원소들의 핵합성을 이뤄낼 수 있다. 만일 생명의 기원이 이와 달랐다면, 이런 과정은 시작되지도 않았을 것이다.

생명체 가운데 수소나 헬륨이나 리튬—가장 가벼운 세 원소—에 뿌리를 두고 있다고 알려진 생명체는 전혀 없다. 이 세 원소는 모두 처음에 있었던 빅뱅 때 만들어졌다. 빅뱅 자체는 본질상 생명체가 의지하는 원소들인 탄소와 질소와 산소를 만들어낼 수 없다. 이런 원소들을 만들어내려면 별의 핵합성이 필요하며, 다시 별의 핵합성은 빅뱅 뒤에 물질이 덩어리로 뭉쳐져 별들을 만들어내는 과정을 필요로 한다. 별들의 생성은 중력상수 값에 따라 좌우되는데, 사람들은 이를 정교한 조율이 이루어진 한 예로 인용한다. 마찬가지로 강한 핵력은 원자핵이 얼마나 견고하게 결합할지를 정하고 그에 따라 별들이 수소를 더 무거운 원소들의 원자들로 바꿔놓는 정도를 정한다. 핵합성이 별들 내부에서 일어나려면 이런 핵력의 값이 대단히 중요하다.

하지만 이런 우주의 기원만이 정교한 조율을 지지하는 증거인 것 같지는 않다. 생물학 차원에서 똑같이 나타나는 패턴들도 정교한 조율을 뒷받침하는 훌륭한 근거로 제시될 수 있다.[3] 사람들은 생물 시스템에 두 가지 기본 요소가 필요하다는 데 대체로 동의한다. (1) 생물체 자신을 유지하는 신진대사 시스템, (2) 생물학 정보를 전달할 수 있는 유전자 시스템이 그 두 가지다. 이 두 가지는 서로 아주 달랐을 수 있는 어떤 화학 원소들의 특성들에 대단히 의존하고 있다는 것이 드러났다.

근래 금속 이온이 생명체의 발전에서 행하는 두드러진 역할을 탐구하는 새 연구 분야가 등장했다. "무기 생화학"(bioinorganic chemistry)이 바로 그 분야인데, 이 단어는 광합성이나 산소 전달처럼 중요한 과정에서 금속 이온들이 남긴 조그만 자취들이 생물학에서 가지는 현저한 중요성을 탐구하는 일을 가리킨다. 이 분야를 처음으로 개척한 이는 1950년대 옥스퍼드 대학교의 로버트 윌리엄스(Robert J. P. Williams, 1926–)였다. 그 이후로 이 분야는 과학 연구를 이끄는 영역이 되었다.[4] 만일 원소들의 화학 특성이 조금이라도 달라진다면, 생명체가 의존하는 중요한 화학 반응들 가운데 많은 수가 일어나지 않았을 것이다. 광합성에서 빛이 화학 에너지로 바뀌고 식물이 공기 중의 질소를 "고정"하여 필수 영양소를 만들어내는 일은, 모두 생명이 의존하는 중요한 화학 과정의 예들이다. 만일 우주에 있는 원소들의 기본 특성이 달라진다면, 이런 반응들은 일어나지 않았을 수도 있으며, 우리가 알고 있는 생명체도 등장하지 않았을 것이다.

더욱이 정보를 입력할 수 있는 능력은 진화 전반은 물론이요, 특히 진화가 일어날 수 있는 가능성에 있어 대단히 중요한 요소다. 이 능력은 탄소 유기화학 작용에 대단히 의존하는데, 이런 작용이 길고 안정된 사슬들을 만들어주기 때문이다. 탄소를 제외한 다른 어떤 원소도 이런 특성을 갖고 있지 않다. 탄소가 없으면 RNA(ribonucleic acid, 리보핵산)와 DNA(deoxyribonucleic acid, 디옥시리보핵산)처럼 생명체에 꼭 있어야 할 복잡한 분자들이 존재할 수 없었을 것이며, 그들이 통제하는 복제 과정도 존재하지 않았을 것이다. 이처럼 정교하게 조율된 존재 자체로 진화할 수 있는 능력은 결국 기본 화학 특성들에 의존한다. 따라서 이 특성들 자체는 정교한 조율을 튼튼하고 풍성하게 뒷받침하는 근거로 제시될 수 있겠다.

진화를 다루는 많은 설명들은 이 점을 줄곧 간과해왔다. 애초부터 진화론 설명들은 물리학과 화학을 진화 논의와 아무 상관없는 배경 정보쯤으로 치부하는 것 같다. 하지만 진화는 관두고라도 우선 생명체가 생겨날 수 있으려면 이런 생물학 과정이, 화학 변화와 저장이 가능한 에너지원으로 밝게 비춰진 안정된 행성을 이용할 수 있어야 하고, 어떤 기본 특성들을 가진 핵심 화학 원소들이 다양하게 배열된 채 존재해야 한다. 생물학이 고도로 조직된 특성들의 존재와 집적에 너무 익숙해져 있다 보니, 사람들은 이런 특성들을 그 자체로 설명이 필요한 것으로 여기기보다 주로 진화론의 핵심 전제들로 여겨버린다. 일부 학자들은, 물리학과 생물학이 어떤 카드 패를 돌리든 생명체는 그 카드 패에 적응할 것이라고 은연중에 멋대로 믿고 있다. 하지만 이런 생각은 검증되지도 않았고 애초부터 미덥지도 않다. 생명의 출현은, 생명의 등장을 가능케 하는 조건들을 만들어내고 자원들을 제공해주는 환경과 따로 떼어 연구할 수 없다.

그렇다면 이런 관찰 결과들은 어떻게 설명해야 하며 이것들이 지닌 의미는 어떻게 평가해야 하는가? 당연한 일이지만, 신학자들은 이런 관찰 결과들로부터 창조주가 처음부터 피조물에게 고유한 가능성을 부여하셨다는 표지를 본다. 비교적 근자에 인간 중심 현상들이 느닷없이 발견되면서, 일부 우주학자들은 상당한 불안을 느끼게 되었다. 이들은 우주가 설계되었다는 논의가 생명의 영역에까지 새롭게 확장되는 것을 불편해한다. 이 때문에 이런 관찰 결과들을 어떻게 설명할 수 있는가를 놓고 치열한 논쟁이 벌어졌다. 근래 등장한 새로운 스타일의 자연신학을 제거하고 싶은 소망만큼이나, 우주를 더 잘 이해하고 싶은 갈망도 그런 논쟁을 촉진했다.

인간 중심 현상들이 유신론, 특히 삼위일체 형태의 유신론에 근거한 틀에 잘 들어맞고 자연스럽게 부합한다는 사실은 명약관화하다. 신학자들은 하나님에 관한 기독교 교리 덕분에 우리가 우주에서 일어날 세세한 일들을 예언할 수 있다고는 주장하지 않는다.

신학적 근거들을 바탕으로 세계의 형태를 예언할 수 있음은 물론이다. 그러나 오히려 세계의 형태는 우연한 것으로서, 그 형태를 경험을 통해 밝혀낸 뒤 그것이 우리에게 알려진 하나님의 뜻과 일치함을 보여주어야만 한다.

하나님은 우주를 만드실 때 오직 당신의 뜻과 본질만이 우주에 영향을 미치는 제약 요인이 되게 하셨기 때문에, 우주가 다양한 방식으로 창조될 수 있었다는 것이 일반적인 견해였다. 때문에 르네 데카르트(René Descartes, 1596-1650)는 우리가 세계의 구조를 밝혀낼 때는 경험을 통해 확인할 수 있는 증거를 사용해야 한다고 주장했다. 신학적 근거들을 바탕으로 세계의 형태를 예언할 수 있음은 물론이다. 그러나 오히려 세계의 형태는 우연한 것(contingency)으로서, 그 형태를 경험을 통해 밝혀낸 뒤 그것이 우리에게 알려진 하나님의 뜻과 일치함을 보여주어야만 한다.

이처럼 인간 중심 현상의 관찰은, 하나님을 우주에 대한 설명으로서 신학적·형이상학적으로 성찰해온 오랜 전통 안에 자리하고 있다. 이런 관찰은 정교한 조율이라는 일반 현상이 창조주 하나님을 믿는 기독교의 믿음과 일치한다는 점을 지지한다. 사물의 본질이 이러하므로 자연신학의 가장 적절한 성과는, 자연 세계의 관찰이 하나님에 대한 기독교적 비전으로부터 연역한 증거가 아니라 그 기독교적 비전 자체와 개념적 조화를 이룸을 증명하는 것이라고 논증하면서 말이다. 이 접근법에 따르면, 인간 중심 현상들을 설명하려 하는 다양한 이론 가운데 "경험상" 가장 "적합한" 이론을 제시하는 것은 유신론이다. 하지만 강조해야 할 지점은, 기독교 신학 스스로는 이런 관찰 결과들을 설명할 임무를 지고 있다고 생각한 적이 한 번도 없었다는 것이다. 오히려 이런 관찰 결과들은 이것들을 만족스럽게 통합해줄 수 있다고 밝혀진 **기존** 사고방식에 들어맞으며 이 사고방식과 조화를 이룬다.

의심할 여지없이, 하나님은 인간 중심 현상들에 관하여 타당한 설명을 제시해주신다. 하지만 이것이 **가장 훌륭한** 설명일까? 우리는 확신할 수 없다. 이와 다른 시각들이 분명 존재한다. 가령 일부 사람들은 우주에 명백히 존재하는 정교한 조율은 단지 흥미로운 우연이요 즐거운 요행일 뿐이라고 주장한다. 문제가 된 기본상수들은 어차피 **어떤** 값을 가져야만 했다. 그러니 그 값이 지금 존재하는 값이라 하여 그게 무슨 대수겠는가? 이런 값들이 더 심오한 의미를 가져야 할 필요는 없다. 예를 하나 들어보자. 미국 인구는 3억이 조금 넘는다. 그런데 대통령은 단 한 명뿐이다. 따라서 어떤 미국 사람이 미국 대통령이 될 확률은 3억분의 1 정도다. 그렇지만 그게 어떻다는 말인가? 누군가는 대통령이 되어야 한다. 어떤 개인이 대통령이 될 개연성은 대단히 낮다. 하지만 필경 누군가는 대통령이 된다.

그러나 이런 대통령 비유는 분명히 설득력이 없다. 게임의 룰은 누군가가 반드시 미국 대통령이 되어야 한다는 것이다. 그러나 우주는 굳이 존재해야 할 이유가 없다. 우주가 여기 존재한다는 사실에도 설명이 필요하지만, 우주가 존재하게 된 것이 대단히 개연성 낮은 일이었다는 사실에도 역시 설명이 필요하다. 어쨌든 우리가 우주에서 관찰하는 "생명친화성"(biofriendliness)은 우리 같은 소수의 관찰자들이 등장하는 데 필요한 정도를 훨씬 초과한다. 만일 이런 생명친화성이 제멋대로 이루어진 과정의 결과라면, 우리는 우리가 관찰하는 우주의 생명친화성이 가장 적합한 수준이라기보다 가장 낮은 수준일 것이라고 예상해도 될 것이다. 그러나 여러 가지 점에서 볼 때 우주의 생명친화성 수준은 가장 낮은 수준을 초과한다.

또 다른 접근법, 즉 다중우주(multiverse) 개념도 상당한 흥미를 불러일으켰다. 이 견해에 따르면 우주가 여러 개 존재하며, 이 때문에 우리가 사는 이 우주도 필연적으로 존재할 수밖에 없었다. 우리는 우연히 생명체에 대해 친화적인 특성을 가진 우주에 살게 되었다. 우리는 다른 우주들을 관찰하지 않으며, 이 우주들에는 이처럼 생명체에 친화적인 조건들이 없다. 관찰－선택 효과들(observation-selection effects)이 우리의 통찰을 제한한다. 다시 말해 우리가 생명에 대해 친화적인 우주 안에 살다 보니, 사실은 생명을 적대시하는 우주들이 존재할 터인데도 모든 우주가 생명을 애호하는 특성을 가질 것이라고 짐작하는 경향을 갖게 되었다. 실제로 사람들은 생명체에 대해 적대적인 우주들이 보통일 것이라고 예측한다. 우리는 우연히 예외적인 우주에 존재하게 된 것이다. 이 모델에 따르면, 우리가 관찰할 수 있고 생명체에 친화적인 우주는 많은 우주들 가운데 단 하나뿐이요, 여러 우주가 존재하는 이 거대한 공간 구조 안에 있는 하찮은 지역 내지 "거품"일 뿐이다.

현재 다중우주 가설은 여전히 흥미롭기는 하지만 대단히 허황한 생각에서 나온 수학 계산 정도로 남아 있을 뿐이다. 이 가설은 우주가 정교하게 조율되었다는 사실이 신학적 측면에서 가질 수 있는 의미를 허물려고 열심을 내는 무신론자들에 의해 선택되었지만, 이런 선택은 어리석을지도 모르겠다. 결국 스티븐 와인버그(Steven Weinberg, 1933-)와 레너드 서스킨드(Leonard Susskind, 1940-)처럼 무신론을 지지하는 물리학자들이 다중우주 가설에 매력을 느낀 이유 중 하나는, 이 가설을 따르면 설계나 하나님을 추론할 필요가 없는 것으로 보이기 때문인 것 같다. 하지만 실재를 들여다보면 단일우주론뿐 아니라 다중우주론을 주장하는 경우에도 하나님이 존재하신다는 논증을 똑같이 제시할 수 있다. 다중우주 가설은 유신론 입장에서 하나님을 이해하는 견해와 일치하지, 지적 차원에서 그런 이해를 무너뜨리는 견해와 일치하지 않는다.[5]

이런 다중우주가 가능한지 더 상세하게 살펴보자. 만일 다중우주 가설이 타당하다면, 이것은 곧 모든 실재를 지배하는 보편 법칙이 전혀 없다는 뜻이 되어버린다. 우리가 우주에서 관찰하는 물리학 법칙들은 보편 법칙이 아니라, 특정 지역에 국한된 부수 법칙으로서 오직 우리가 사는 지역에서만 효력을 갖게 된다. 이는 곧 자연과학의 보편성과 관련하여 몇 가지 어려운 문제들을 야기하며, 자연과학을 우주 전체가 아니라 우주의 한 귀퉁이를 대상으로 한 작업으로 보는 사람이 점점 더 많아지게 된다. 우리가 아는 우주를 이해하려면, 우리는 이 우주를 설명할 목적으로 우리가 사는 우주 밖에 있는 무언가를 제시해야만 한다. 이런 경우에 설명은 눈으로 볼 수 없는 우주들을 엄청나게 나열하는 것은 말할 것도 없고, 설명할 수 없는 우주 생성과 법칙 생성 메커니즘을 들먹이는 형태를 띤다. 이런 우주들은 볼 수도 없고 증명할 수도 없다. 구조라는 관점에서 볼 때, 이 다중우주 가설은 설명할 수 없는 초월자인 하나님이 만물의 궁극적 근원이며 이 만물을 설명해주시는 분이라고 말하는 기독교의 주장과 현저히 흡사하다. 하나님을 내세우는 사람과 다중우주론을 내세우는 사람은 모두, 결국 우주를 설명해줄 근거를 밖에서 찾는다는 점에서는 똑같다.

그렇다면 우리는 어떤 결론에 이르게 되는가? 이미 강조했듯이, 우주가 정교하게 조율되었다는 것은 아무것도 **증명해주지 않는**다. 그러나 이 견해는 실재를 바라보는 기독교의 시각과 강력한 조화를 이루며, 기독교 신앙에서 유래한 실재의 지도(map of reality)에 쉽고 자연스럽게 들어맞는다. 이런 현상들을 그려 보일 수 있는 기독교의 능력이 결정적인 증거를 제공하는 것은 아니다. 하지만 이런 능력은 어떤 점을 강하게 시사해준다. 이 능력은 많은 실마리들 가운데 하나로서 실재를 통틀어 보여주는 큰 그림을 제공해준다. 이것은 함께 엮어 어떤 무늬가 들어 있는 태피스트리를 짜낼 수 있는 많은 실들 가운데 하나다. 정교한 조율은 우주의 의미를 푸는 실마리로서, 그것 하나만 따로 떼어 고찰하면 아무런 의미가 없지만, 다른 실마리들과 함께 나란히 놓고 보면 풍성한 시사점을 제공해준다. 다음 장에서는 이 다른 실마리들 가운데 일부를 살펴보겠다.

널리 사람들은, 그 중에서도 특히 무신론을 주장하며 진화론을 따르는 생물학자들은 다윈의 진화론이 하나님의 설계나 인간을 염두에 둔 목적이라는 관념을 일체 무너뜨려버린다고 주장한다. 생명체 안에서 일어나는 모든 일은 우연이며, 우연에서 무작정 비롯된 결과라는 것이다. 이런 관점은 오늘날 언론 매체가 쉼 없이 선전하는 것이요, 사람들이 토론을 벌이는 자리에서도 줄기차게 들리는 소리다.[1] 다윈 이후에는 하나님이 설계했다는 생각을 포기해야 한다는 이야기를 우리는 줄곧 듣고 있다. 생물의 진화는 아무 목적 없이 이루어진 과정이며, 그 결과도 역시 그렇다. 그것으로 문제 끝이었다. 다윈 이후에는 자연에서 "설계"라는 말을 끄집어내는 것이 불가능하다. 이제 설명도 충분하니, 사람들도 그것을 믿기 시작한다. 하지만 일이 실제로 이처럼 간단명료할까?[2]

우선 "다윈주의"라는 말이 가진 두 가지 의미를 면밀히 구분해보자. 다윈주의라는 말을 종의 기원과 관련하여 잠시 있다 사라질 과학 이론으로 간주한다면, 다윈주의도 시간이 지남에 따라 고칠 수 있는 것이 된다. 하지만 다윈주의를 "메타내러티브" 혹은 세계관—실재를 다루는 거대 이론—으로 여기게 되면, 다윈주의는 영원한 진리가 된다. 새로운 무신론은 다윈주의를 메타내러티브로 다루면서 실재를 망리히는 시각으로 제시한다.[3] 가령 리처드 도킨스는 다윈주의가 "보편적이고 시간에 매이지 않는" 원리로서 우주 전체에 적용할 수 있는 원리라고 주장한다. 반면 마르크스주의 같은 경쟁자에 대해서는 "편협하고 잠시 있다 사라지는" 세계관으로 본다.[4] 도킨스와 대니얼 데닛은 다윈주의가 실재를 보여주는 "큰 그림"을 제공하며, 이 그림에서는 초월이나 목적이나 설계나 신(神) 같은 개념은 모조리 제거되었다고 본다. 그러나 다윈 자신은 이런 견해를 받아들이지 않았으며, 엄밀한 과학적 분석을 고수하는 이들도 마찬가지다. 문제는 새로운 무신론의 열렬한 신봉자들이 자신들이 주장하는 형이상학적 도그마들을 확고부동한 것으로 내세우면서도, 이것들을 마치 과학인 것처럼 내세우려 할 때 일어난다.

그렇다면 무신론 사상을 몰래 들여와 이 사상들에 과학이 가지는 문화적 권위를 덧입히려고 시도하는 대신, 과학이 실제로 드러내주는 것만 다룬다면 무슨 일이 벌어질까? 이렇게 해도 자연계에 설계나 목적—자주 이런 관념은 "목적론"(teleology)이라는 말로 표현된다—이 존재한다는 말을 할 수 있을까? 첫눈에 보면 여기에는 큰 문제가 있다. 요컨대 "다윈의 불독"으로 알려졌던 토머스 헉슬리 (1825-1895)도 다윈이 쓴 『종의 기원』을 처음 읽고 난 뒤에는 "보통 사람들이 이해하는 목적론은 다윈에게 치명타를 맞았다"[5]라고 확신했다. 이때 헉슬리가 말하는 "목적론"은 "목표를 지향하는 행위" 또는 "목적지나 목표 지점을 향해 나아감"을 뜻했다. 그러나 헉슬리는 도킨스와는 달리, 무신론을 교리처럼 떠받드는 사람이 아니었다.[6] 하지만 어쨌든 이 지점에서는 헉슬리가 도킨스의 견해에 힘을 실어 주는 것처럼 보인다.

그러나 헉슬리는 다윈이 쓴 문제의 책을 더 꼼꼼히 읽고 난 뒤에는 생각을 바꿨다. 다윈이 제시한 이론들은 하나님을 믿는 믿음이나 목적론을 믿는 믿음을 제거하지 않았다. 헉슬리는 1887년에 한 강연 "『종의 기원』을 받아들임에 관하여"(On the Reception of the Origin of Species)에서 보통 사람들이 제시하는 세 가지 비판을 강력하게 반박했다. 헉슬리는 이 세 비판이 모두 다윈이 말한 자연선택설을 심각하게 오해한 데서 나온 것이라고 주장한다.[7] 그런데 놀라운 것은, 이런 오해들 가운데 몇 가지가 도킨스가 쓴 『만들어진 신』(2006)과 데닛의 『다윈의 위험한 사상』(Darwin's Dangerous Idea, 1995)처럼 근래 무신론자들이 내놓은 선언문에서도 다시 나타난다는 사실이다.

1. "사람들은 다윈이 변이가 '우연히' 일어나며 가장 적합한 것만이 생존 경쟁의 '기회들'을 뚫고 살아남은 것이기에, '우연'이 섭리에 따른 설계를 대체했다고 말한다." 헉슬리는 사람들이 이 지점에서 다윈을 크게 오해했다고 주장한다. 다윈은 자신이 어떤 일들이 일어나게 된 연유를 모른다고 주장하면서도, 그런 사건들을 인과 법칙이라는 맥락 속에 단단히 배치했다. 예를 들어 개혁파 신학의 틀 안에서는 "무작정"(random)이라는 말을 "예언할 수 없는"(nonpredictable)으로 번역할 수 있기에, 하나님의 섭리라는 일반 교리의 맥락 속에 집어넣을 수 있다.

2. "사람들이 다윈의 견해에 반대하여 자주 제시했던(그리고 지금도 제시하는) 비판은, 다윈의 견해가 목적론을 파괴하며 설계를 내세우는 논증을 제거한다는 것이다." 물론 이 견해는 20세기 말과 21세기 초에 나온 무신론자들의 저작에서도 널리 되풀이되고 있다. 여기서는 헉슬리가 이 상황을 아주 다르게 평가하고 있음을 간파하는 게 중요하다. 헉슬리는 윌리엄 페일리가 채택한 접근법과 같은 전통적 목적론적 접근법들이, 다윈이 설명하는 진화론으로부터 심각한 도전을 받고 있음을 아주 분명하게 밝힌다. 그러나 헉슬리는 진화론이 우주의 구조 속에 깊이 뿌리내린 "더 넓은 목적론"을 증언한다고 주장한다. 다윈이 역설한 것은 목적론을 포기하라는 것이 아니라 목적론 개념을 다시 정의하라는 것이었다.

3. 마지막으로 헉슬리는 다윈의 이론이 유신론을 반대하는가라

는 문제를 다룬다. 헉슬리는 "우연을 믿는 믿음과 설계를 믿지 않는 불신"이 다윈의 이론을 결정한 것이 아님을 제시한 뒤, "진화론은 유신론에 반대하는 이론도 유신론을 지지하는 이론도 아님"이 명백하다고 주장한다. 다윈주의는 유신론에 새로 문제가 될 만한 것들을 제기하지 않았다. 하나님과 세계 안에서 이루어지는 작용을 연계하는 문제들은 이미 잘 알려져 있었다. "철학이 안고 있는 커다란 문제들을 고려할 때, 어떤 의미에서는 다윈 이후 세대도 다윈 이전 세대가 서 있는 바로 그 자리에 서 있다."

헉슬리가 사물을 보는 시각은 대니얼 데닛과 리처드 도킨스 같은 저술가들의 시각과 사뭇 다르다. 데닛과 도킨스 같은 이들은 다윈이 목적론을 믿는 믿음을 종류 여하를 불문하고 모조리 파괴해버렸으며, 하나님을 믿는 믿음도 시대에 뒤떨어진 난센스로 치부하여 말끔히 쓸어버렸다고 주장한다.[8] 하지만 분명히 다윈은 자신이 그런 일을 했다고 믿지 않았으며, 다윈을 해석한 인물 중 으뜸인 토머스 헉슬리 역시 마찬가지다.

이 문제는 아직도 끝나지 않았다. 한편으로는 생물학적 진화의 개념을 거부하는 일부 그리스도인들이 있다. 그들이 이 개념을 거부하는 원인 중 하나는, 이것이 하나님의 창조와 섭리라는 개념과 일치하지 않는다는 우려다. 다른 한편으로는, 진화를 어떤 의미에서 목적론에 부합하는 것으로 여길 수 있다는 생각 자체를 거부하는 수많은 진화론자 생물학자들이 있다. 어떤 형태의 목적론도 거부하는 입장은 1970년경부터 신(新) 다윈주의 내부에서 공리(公理)와 같은 진리의 지위를 얻었다. 진화는 끝이 없고 결정되지 않은 것으로서 사전에 결정된 목표를 갖지 않은 과정으로 이해되어야 했다. 이런 생각을 전개한 인물이 무신론을 따랐던 프랑스의 생물학자 자크 모노˚였다. 모노는 진화생물학에서 **목적지향성**(teleonomy)이 **목적론**(teleology)˚˚을 몰아냈다고 주장했다.[9] 모노는 이런 개념을 사용하여 진화생물학이 진화 과정의 밑바탕에 자리한 메커니즘을 확인하고 규명하는 데 관심이 있음을 부각시키고 싶어했다. 진화를 통제하는 메커니즘들이 흥미로운 관심사이기는 하지만, 이 메커니즘에는 목표 지점이 없다. 진화에서는 "목적"을 놓고 의미 있는 말을 하는 것이 불가능하다. 당연히 이런 생각은 무신론 변증가들을 사로잡았다.[10]

그러나 지난 수십 년 동안에 흐름이 바뀌었다. 이제는 사람들이 자연에서 관찰한 것들을 이해하려면 목적론이라는 개념이 꼭 있어야 한다는 것을 널리 받아들인다. 그렇다고 자연에는 설계나 목적이 존재한다고 말하는 전통적 기독교 개념을 인정하는 정도까지 이르렀다는 말은 아니다. 하지만 이런 현상은 근래 무신론을 주창

˚ Jacques Monod, 1910-1976. 분자생물학의 창시자로 1965년에 노벨 생리의학상을 받았다. 그가 쓴 『우연과 필연』(궁리 역간)은 20세기 과학 저술을 대표하는 책 가운데 하나로 꼽힌다.
˚˚ teleonomy는 결정되어 있지 않은 목표를 향해 나아가려는 성향을, teleology는 이미 확정된 목표를 향해 나아가고 있다고 보는 견해를 의미한다.

하는 일부 저술가들에서 볼 수 있는 특징인 "다윈주의가 목적론을 무너뜨린다"라는 단순한 슬로건을 근간부터 허물어버린다. 그리하여 생물학자인 프란시스코 아얄라(Francisco Jose Ayala Pereda, 1934-)는 목적론적 설명의 개념이 실제로 현대 생물학의 근간이라고 주장한다. 목적론 개념은 살아 있는 유기체의 일부가 행하는 친숙한 기본 역할들을 설명하는 데 필요한 동시에, 자연선택에 관한 설명에서도 중심 역할을 하는 재생산 적합성*이라는 목표를 묘사하는 데도 필요하다. "생물학이 목적론적 설명들을 사용하는 것은 받아들일 수 있으며 정녕 필요 불가결하다."[11]

현대 생물학, 특히 진화생물학 철학을 만들어내어 진화론의 틀을 현대적으로 재정립한 인물로 널리 알려진 에른스트 마이어(Ernst Mayr, 1904-2005)도 같은 의견을 가지고 있다. 마이어는 생물학에서 목적론의 언어를 사용하는 것에 일부 반대가 있음을 인정하면서도,[12] 목적론의 언어가 방법론이나 해석론 차원에서 적절하고 도움이 된다고 역설한다. 마이어가 올바로 지적하듯이, 자연에는 결국 어떤 종착지나 목표로 이어지는 과정과 활동들이 풍부하게 존재한다. 우리가 이것들을 어떻게 해석하든, 자연계에는 목표를 지향하는 행위 사례들이 널리 퍼져 있다. 실제로 "목표를 지향하는 과정의

* reproductive fitness. 대를 잇는 후손을 만들어내는 데 적합한 형태로 환경에 적응하는 것을 말한다.

등장이야말로 어쩌면 생명 시스템 세계가 가진 가장 독특한 특징일 지도 모른다." 때문에 마이어는 "생물학자들이 소위 '목적론' 언어를 사용하는 것은 정당하다"라고 역설한다. 여기서 마이어는 많은 점에서, 한 세기 전에 토머스 헉슬리가 제시한 견해를 그대로 되울려 준다.

그렇다면 누군가가 이렇게 목적론을 따라 해석하는 쪽을 택하느냐의 여부와 상관없이, 진화 안에는 특정한 목표를 지향하는 특성이 내재되어 있는가? 이 목표지향성(directionality)이라는 특수한 표현은, 우리가 방금 던진 질문이 공허한 사색에서 나온 신학적 질문이 아니라 정당한 과학적 질문이라는 것을 분명하게 일러준다. 진화는 끝이 확정되어 있지 않으며, 결과적으로 예견할 수도 없고 확정되어 있지도 않다고 보는 견해가 진화생물학을 지배해왔다. 다윈주의의 표준 패러다임을 채택하는 많은 저술가들은, 진화 과정이 본질상 아무런 작정 없이 이루어지고 우연성을 가진다고 주장한다.

유명한 진화생물학자인 스티븐 제이 굴드(Stephen Jay Gould, 1941-2002)는 "생명의 역사에서 일어난 거의 모든 흥미로운 사건은 우연의 영역에 속해 있다"라고 강조했다.[13] 목적이나 역사의 필연, 방향을 이야기하는 것은 무의미하다. 진화 과정을 처음부터 끝까지 지배하는 것은 우연이다. "우리는 계획되지 않은 과정에서 우연히 나온 결과다.…우리는 어떤 확정된 과정에서 나온 예견 가능한 산물이 아니라, 개연성이 없는 거대한 사슬이 만들어낸 덧없는 결과일 뿐이다." 이 점을 강조하기 위해 굴드는 독특하게도 비디오테이프라는 1990년대식의 유명한 비유를 사용한 바 있다. 그의 말대로 우리가 진화의 역사라는 테이프를 다시 틀어보면, 각각의 시간에 같은 일이 일어나는 경우는 보이지 않을 것이다. "테이프를 다시 돌린다면, 원핵세포(prokaryotic cell)가 진핵세포(eukaryotic cell)로 나아가는 첫 단계에 2년이 아니라 120억 년이 걸릴 수도 있다." 우연이 이런 영향을 미치고 있기 때문에, 일어나는 일은 우연한 사건이 만들어낸 것이다. "초기에 일어난 어떤 사건을 아주 조금 바꿔놓으면, 그 사건이 당시에는 분명히 중요하지 않았지만, 진화는 완전히 다른 수로(水路)로 흘러들어 버린다." 굴드는 생물의 진화에서 우연성이 하는 역할이 대단히 크기 때문에 그 테이프를 다시 틀 때마다 매번 다른 패턴을 드러낼 것이라고 주장한다. 그렇다면 정말로 생물의 발전 과정은 역사에서 우연히 일어난 일들에 그토록 종속되어 있을까?

그러나 진화생물학을 전공하는 전문가 집단에 속한 이들 중에는 굴드가 역사의 우연을 강조하는 것을 미더워하지 않는 이들이 많다. 가령 케임브리지의 고생물학자인 사이먼 콘웨이 모리스(Simon Conway Morris, 1951-)는 상당히 다른 접근법을 취한다. 굴드는 "인간 진화의 무시무시한 비개연성"을 적응 진화(adaptive evolution)에 존재하는 우연의 결과라고 본다. 그러나 모리스는 이에 반대하는 주장을 펼치면서, "우연의 지배"에 이의를 제기한다.[14]

콘웨이 모리스는 진화가 목표로 하는 지점의 숫자가 한정되어 있다고 주장한다. "여러분이 원하는 만큼 생명의 테이프를 다시 돌려보라. 그래도 마지막 결과는 동일할 것이다."[15] 『생명의 해답』(Life's Solution)이라는 책에서 그는, 유전자의 세부 내용이 아니라 오히려 유전자들의 폭넓은 표현형들°에 비춰볼 때, 진화가 만들어낼 결과들을 예견할 수 있다고 강력하게 주장한다. 수렴 진화(convergent evolution)는 "생물 조직이 특별한 요구에도 동일한 해답에 이르려 하는 반복 성향"으로 이해해야 한다.

콘웨이 모리스의 주장은 수렴 진화 사례들을 철저하고 체계 있게 수집한 결과를 근거로 삼고 있다. 이 수집 결과는, 둘 혹은 그보다 많은 계통들이 각기 따로 유사한 구조와 기능들로 진화했음을 보여준다. 그가 모은 사례들은 공중에 떠 있는 나방과 벌새의 공기 역학으로부터, 거미와 몇몇 곤충들이 먹이를 잡으려고 거미줄 같은 것을 사용하는 사례에 이르기까지 광범위하다. "수렴의 세부 내용들은, 서로 다른 출발점들이 잘 다져진 다양한 길을 통해 공통된 해답으로 변해가면서 많은 우여곡절을 거치는 진화의 변화상을 실제로 보여준다."[16] 그렇다면 수렴 진화가 지닌 중요한 의미는 무엇인가? 콘웨이 모리스는 분명하게 대답하기를, 수렴 진화는 생물 공간에 안정된 영역들이 존재함을 보여준다고 말한다. "수렴은 안정된 '섬들'이 있기 때문에 일어난다."

° 표현형(phenotype)은 유전자가 나타내는 유전 형질 형태를 말한다.

콘웨이 모리스의 굴드 비판이 지닌 힘은 간과할 수 없다. 진화 메커니즘을 통틀어 살펴보면 우연도 한 요인이다. 하지만 우연은 굴드가 말한 것보다 훨씬 빈약한 역할을 한다. 진화는 늘 가능한 결과 숫자보다 상당히 적은 수의 결과들로 "수렴하는" 것 같다. 유전에는 무한한 숫자의 가능성이 있는데도, 수렴이 널리 퍼져 있다. "진화의 경로는 많지만, 진화가 다다르는 종착지는 한정되어 있기" 때문이다. "적응하지 못한 것들이 모여 있는 황량한 광야"는 진화가 도달할 어떤 종착지들을 배제해버린다. 이 황량한 광야에서는 대다수 유전자 형질들이 살아남지 못하며, 이 때문에 자연선택에 따른 종착지 탐색도 더 이상 이루어지지 않는다. 생물의 역사는 자신을 반복하려는 경향을 두드러지게 보여주며, 생명체는 섬뜩하다 싶을 정도로 바른 해답에 이르는 길을 찾아내는 능력을 거듭 보여준다. "생명체는 적응하지 못하게 막는 도전들에 대응하여 거의 정확한 해답들을 향해 '항해해가는' 특이한 경향을 갖고 있다."

제멋대로 이루어지는 탐색 과정처럼 보여도, 이런 과정은 결국 생물학 공간에서 안정된 결과들을 찾아낸다. 이렇게 안정된 섬들을 찾아내는 방법이 변덕스러워 보일 수는 있지만, 결국 찾아진 결과는 완전히 이해될 수 있다. 콘웨이 모리스는 여기서의 이런 탐색 과정과, 아마도 1,200년 전에 이루어졌을 폴리네시아 사람들의 이스터 섬 발견 사이에 유사성이 있다고 주장한다.[17] 이스터 섬은 육지로부터 아주 멀리 떨어진 곳들 가운데 하나로서, 가장 가까이 있는 인구 밀집지인 타히티와 칠레에서도 최소한 3,000킬로미터나 떨어져 있다. 하지만 이 섬이 이렇게 거대하고 텅 빈 태평양에 둘러싸여 있는데도, 폴리네시아 사람들은 이 섬을 찾아냈다. 콘웨이 모리스는 이것을 그냥 우연이자 요행으로 치부해야 할지 묻는다. 우연이자 요행일 수도 있다. 그러나 십중팔구는 그렇지 않다. 콘웨이 모리스는 "폴리네시아 사람들의 정교한 탐색 전략" 덕분에 이 섬은 발견될 수밖에 없었다고 지적한다. 그는 이와 똑같은 일이 진화 과정에서도 일어난다고 주장한다. "고립된 '섬들'은 부적응이라는 대양(大洋)에서 생물학적 가능성이라는 항구들을 제공한다." 수렴 진화 현상을 일으키는 것이 바로 이 "안정성을 가진 섬들"이다.

진화생물학은, 진화 과정에서 벌어지는 탐색 과정이 생물학 공간에 있는 안정된 영역들을 찾아 항해해갈 수 있는 능력을 분명하게 보여주는 이런 관찰 결과를 설명해야 한다. 여기서 목적론적 언어를 전혀 사용하지 않고 피해간다는 것은 정말 어려운 일이다. 때문에 콘웨이 모리스는 "다윈의 나침반"이라는 이미지를 사용하여 이렇게 주장한다.

진화 과정 곳곳에서 나타나는 수렴은, 진화의 끝이 확정되어 있지 않고 진화의 결과들도 예견할 수 없으며 불확정이라는 견해를 부정한다. 요컨대 유기체는 거듭하여 동일한 생물학적 해답에 이른다. 아마도 척추동물과 두족류(頭足類)에서 볼 수 있는 카메라 눈이 가장 유명한 보기일 것 같다. 이는 예견 가능성을 어느 정도 제공하기도 하지만, 생명체에 더 심오한 구조가 있음을, 곧 진화가 반드시 건너가야 할 대지(大地)에 비유할 수 있는 것이 존재함을 가리킨다는 점에서 더 흥미롭다.[18]

에른스트 마이어와 다른 생물철학자들이 진화 과정을 다룬 과학적 설명에 미리 결정된 목적론을 강요하려는 어떤 시도에도 맞선 것은 옳다. 그러나 마이어의 반대는 사실 선험적(a priori) 목적론 개념, 곧 유신론자와 무신론자를 불문하고 경험을 통해 확인될 수 없는 형이상학 시스템으로부터 생물학에 들여온 개념에 대해 맞서는 경우에만 효력을 가질 뿐이다. 하지만 이제는 진화 연구의 과정 자체에 어떤 목적론 개념이 등장한다는 데 사람들이 널리 동의하고 있다. 이런 목적론은 경험을 통해 확인할 수 있는 것으로서, 선험적 강요가 아니라 귀납적 식별(a posteriori discernment)에 근거하고 있다. 이런 목적론은 진화 과정을 관찰한 결과로부터 뽑아낸 것이지, 경험을 통해 확인할 수 없는 형이상학 시스템으로부터 추출해낸 것이 아니다. 따라서 "목적론"이라는 말은 이 말을 비판하는 사람들이 인식하고 있는 것보다 훨씬 더 유연하다. 목적론이라는 말은 경험을 통해 확인된 증거에 비추어 고쳐갈 필요는 있지만, 목적론이라는 말이 무슨 뜻인지 상상할 수 없다고 주장하는 이들이 내세우는 다소 섣부른 교리적 요구들을 받아들여, 이 말을 포기할 필요는 없다. 이런 목적론 개념은 하나님의 섭리라는 핵심 개념이 빚어낸 기독교의 이해 체계 위에 그려 넣을 수 있다.

일부 그리스도인들은 이번 장에서 간략하게 살펴본 설계 개념 혹은 하나님의 섭리라는 개념을 훨씬 더 강하게 천명하고 싶어한다. 그러나 여기서 내 주된 관심사는 창조 내지 섭리를 다룬 기독교 신학을 모두 또박또박 이야기하는 것이 아니라, 진화생물학 자체가 자연계 안에서 분명하게 볼 수 있는 목적 내지 방향을 간단히 거부하는 입장으로부터 얼마만큼 멀리 떨어져 있는지 관찰하는 것이었다. 도킨스와 데닛은 다윈주의가, 기독교가 그려놓은 실재의 지도를 갈기갈기 찢어버렸다고 믿는다. 그것은 사물을 보는 한 가지 방식일 뿐이다. 하지만 이번 장에서 살펴본 증거들이 분명하게 증명하듯이, 생물학 세계는 설계라는 개념을 포함하여 창조와 섭리라는 전통적 기독교의 테마들에 비추어 이 세계를 해석할 수 있는 가능성을 여전히 열어놓고 있다.[19]

그렇다면 기독교의 틀 안에 담을 수 있는 것으로 또 무엇이 있을까? 우리는 이 시대 과학이 이룬 발전에 초점을 맞추었다. 그렇게 한 이유 중 하나는, 많은 이들이 과학과 신앙이 원수처럼 대립하고 있다고 잘못 믿고 있기 때문이다. 그러나 생명과 사상이라는 다른 영역에서는 어떠할까? 우리는 다음 몇 장들에서 기독교가 그려 보이는 지도가, 인간이 경험하는 다른 핵심 영역들을 설명하는 데 어떤 도움을 주는지 탐구해보겠다. 먼저 우리는 인간의 역사와 문화가 이런 사물 체계에 어떻게 부합하는지 고찰해보겠다.

11장
역사, 문화, 신앙

영국의 위대한 수필가인 윌리엄 해즐릿(William Hazlitt, 1778-1830)은 재치가 넘치면서도 우리를 당황하게 하는 다음과 같은 말을 남겼다. "사람은 웃고 우는 유일한 동물이다. 그 이유는 사람이 현실과 당위의 차이에 충격을 받는 유일한 동물이기 때문이다."[1] 우리는 현실과 당위가 일치하지 않는다는 인식을 애초부터 갖고 있는 듯하다. 우리는, 우리가 관찰하는 것과 우리가 소망하는 것 사이의 갈등에서 비롯된 고통을 느낀다. 이 세상에는 왜 이토록 잘못된 구석이 많은가?

새로운 무신론자들은 그 답을 쉽게 제시한다. 바로 **종교** 때문이다. 종교를 없애면, 이 세상은 더 나은 곳이 될 것이다. 이들은 "종교는 만물을 죽이는 독"이라는 그럴싸한 수사로 종교에 책임을 뒤집어 씌우면서, 이 메시지로 중산층 자유주의적 합리주의자 유형의 사람들에게 호소한다. 세상의 잘못들은 과거나 회고하는 미신들의 문 앞에 갖다 버려야 할 것이다. 이런 미신들은 세계가 합리적이고 과학적인 종착지로 나아가지 못하게 붙잡는다. 종교를 없애버리면, 세계는 더 나은 곳이 될 것이다. 종교는 사람들을 폭력과 정직하지 못한 지식과 억압과 사회 분열로 인도했을 뿐이다.

새로운 무신론은 인간이 본디 도덕적·지적 자율성을 갖고 있다고 힘차게 강조한다. 인간은 지식과 이성을 가진 존재로서, 미신 같은 믿음을 털어내 버리고 이성과 과학의 승리에 환호할 수 있는 존재다. 그렇다면 이런 믿음은 어디에서 오는가? 만일 하나님이 없다면, 종교는 인간이 창조해낸 것이라는 말이 된다. 크리스토퍼 히친스와 리처드 도킨스는, 종교의 속임수요 비합리적이며 비도덕적인 거짓말이라고 보이는 것들을 맹렬히 비난한다. 하지만 이런 사상을 만들어낸 이도 인간이다. 무신론자들이 합리성과 도덕성의 모델로 찬양하는 바로 같은 인간인 것이다. 히친스는 인간의 합리성과 도덕성을 근거로 내세워 자기가 말하는 무신론이 타당하다고 주장한다. 그러나 바로 그 합리성과 도덕성이, 그가 타락하고 병들었으며 사람을 억압하는 것으로 여기는 종교 사상과 가치들을 등장하도록 만들었다. 하나님이 계시지 않는다면, 과학(도킨스가 좋아하는 것)을 발명해낸 바로 그 인간 본성이 종교(도킨스가 싫어하는 것)도 발명한 셈이다. 이것은 인간이 본디 선하며 합리성을 갖고 있다는 무신론의 믿음에는 좋은 징조가 아니다.

그러므로 종교는 합리주의자들이 사는 에덴동산에 있는 뱀이요, 이성이 있는 이들을 미혹하는 유혹자다. 좀 어이없는 일이지만, 근래 "미몽에서 깨어났다 하는" 인류 역사에서 볼 수 있는 모순과 잘못들—이 중에는 대량 살상 무기는 말할 것도 없고 나치주의와 스탈린주의의 해괴한 등장도 포함된다—도 종교 부흥 탓으로 돌려진다. 하지만 가장 위대한 새로운 무신론자들이 구사하는 현란한 수사법조차도, 종교의 신념을 놓고 그들이 완고하게 고집하는 내러티브 안에 스탈린주의를 짜 넣을 수는 없었다. 세속의 합리주의자들에게 진짜 문제는 그들이 인간을 "만물의 척도"로 만들었건만, 정작 사람들이 견지하기로 한 믿음들—이것 가운데 가장 두드러진 것이 널리 퍼져 있는, 하나님을 믿는 믿음이다—이 광범위하다는 데 당황할 수밖에 없다는 점이다.

만일 하나님을 믿는 믿음이 인간이 발명한 것이라면, 따라서 종교의 이름으로 저지르는 죄들이 인간으로부터 비롯된 것이라면, 인간은 새로운 무신론자들이 생각하는 것만큼 합리적이지는 않은 듯하다. 새로운 무신론은 종교를 인류의 적으로 비판하면서도, 그들자신이 내세우는 이론이 종교를 인간이 만든 것이라고 주장한다는 것을 아무도 알아차리지 못하길 소망한다. 새로운 무신론의 게으르고 느슨한 수사가 주장하는 대로 종교가 악하다면, 이는 곧 그 종교를 만든 이들도 악하다는 뜻이 아닐까? 인간 본성에 흠이 있다면 무슨 일이 벌어질까?

바로 이것이 근래 무신론을 표방하는 저작들의 특징으로서 인간 본성이 본디 선하다는, 거의 교리에 가까운 믿음의 핵심을 관통하는 생각이다. 계몽주의는 인간 본성을 철저히 낙관하는 견해를 가지고 있다. 우리는 선한 일을 하는 선한 사람이다. 우리가 선한 사람이 아니라면, 선한 일을 하겠는가? 기독교 시각에서 보면, 인간 본성은 연약하고 쉬이 어긋난 길로 빠지며 죄를 짓곤 한다. 영국의 시인 테니슨(Alfred Tennyson, 1809-1892)이 "귀네비어"(Guinevere)에서 남긴 유명한 문장, "지극히 높은 것을 볼 때 우리는 그것을 사랑해야 할 필요가 있다"는 종종 턱없이 낙관적이고 이상적인 말처럼 보인다. 이것이 실제 인간이 경험하는 실재들과 어떤 관계가 있을까?

액튼 경(J. E. Dalberg-Acton, 1834-1902)은 1887년에 쓴 한 서신에서 이런 유명한 말을 했다. "권력은 부패하는 경향이 있으며, 절대 권력은 절대 부패한다." 그는 이 말로부터 다음과 같은 결론을 이끌어냈다. "위대한 사람들은 거의 늘 나쁜 사람들이다." 이 말에 담긴 사상은, 우리가 공직(公職)과 극소수의 손에 너무 많은 권력이 집중될 경우에 따르는 위험을 생각할 때마다 우리 생각을 지배하는 확립된 가설의 일부가 되었다. 영국 총리였던 윌리엄 피트(William Pitt, 1759-1806)도 백 년이나 앞서서 비슷한 말을 했는데, 아마도 그것은 정부에서 겪은 자신의 체험에서 끌어온 말이었을 것이다. "제한 없는 권력은 권력을 쥔 자들의 마음을 썩게 하는 경향이 있다." 여기서 아주 예리하게 지적된 생각은, 권력이 본디 자애롭고 선한 인간 본성을 타락시킨다는 것이다. 이처럼 인간의 선한 본성이 권력의 유혹과 특권이 안겨주는 혹독한 스트레스에 시달리다 보니, 이 본성도 이런 독배(毒杯)의 그늘진 측면에 저항할 수 없다는 생각이 십중팔구 드러나고 만다.

그러나 권력이 죄가 없고 선한 뜻을 가진 사람들을 부패하게 한다는 생각은, 이 문제를 오로지 한 각도에서만 본 것이다. 고대 앵글로색슨의 속담으로 더럼 대성당 컬렉션에 보존되어 있는 말이 있다. 이 속담은 권력이 인간 본성에 미치는 영향을 더 당황스러운 시각에서 고찰하고 있다. 이 속담을 문자 그대로 옮겨보면 이러하다. "사람은 그가 원하는 것을 할 수 있을 때 그 생긴 대로 행한다."[2] 쉬운 말로 바꾸면 이런 뜻이다. "정말 원하는 것을 할 수 있을 때 우리 진짜 모습이 드러난다." 바꿔 말하면, 모든 속박이 사라지고 모든 책임이나 제약이 없어지면, 우리는 다른 사람들이 우리에게 기대한다고 생각하는 것을 따르지 않고 우리 진짜 본성을 따라 행동한다. 우리가 절대 자유를 누리면, 우리는 우리 본성에 절대 충실하게 된다. 따라서 우리는 절대 권력을 쥐면 우리 진짜 모습대로 행동한다.

이것은 아주 골치 아픈 생각이다. 만사를 이런 식으로 읽으면, 권력 자체는 **부패하는** 경향이 없다. 권력은 **폭로하는** 경향, 다시 말해 이미 존재하지만 사회 관습의 힘이나 관행, 기대에 따라야 할 필요성 때문에 눌려 있던 것들을 밖으로 끌어내는 경향이 있을 뿐이다. 이 견해에 따르면, 권력은 영혼을 비춰주는 거울이요, 우리의 진짜 모습을 드러내는 진단 도구다. 무엇보다 가장 당혹스러운 것은, 이런 제약들이 제거되는 상황을 만나야 비로소 우리는 자신의 진짜 본성을 깨달을 수 있다는 것이다. 윌리엄 골딩(William Golding, 1911-1993)이 쓴 『파리 대왕』(민음사 역간)*을 읽어본 사람들은 이 점을 금세 깨달을 것이다. 우리는 선하기를 바라며 선한 일을 하고 싶어할 수 있다. 하지만 결국 우리가 도달한 곳은 전혀 다른 곳일 때가 많다.

바로 이런 점 때문에 이번 장 서두에서 인용한 해즐릿의 말을 꼼꼼하게 살펴봐야 한다. 우리는 "현실과 당위 사이에 존재하는" 거대한 틈새를 어떻게 설명할 수 있을까? 인류 역사에는 밝은 소망과 어두운 실패, 전쟁과 고통을 끝내줄 수도 있었지만 결국은 전쟁과 고통을 부추기는 데 사용된 기술 발명, 악몽임이 드러난 꿈들이 여기저기 흩뿌려져 있다. 우리는 이런 수수께끼를 어떻게 이해할 수 있을까? 낙원을 파괴하는 것으로 보이는 인간 본성을 어떻게 봐야 할까? 인간의 본성을 묘사한 것으로서, 우리가 이 근심스러운 역사적 패턴들을 이해할 수 있게 도와주는 "큰 그림"은 무엇인가?

우선 어떻게 하면 역사의 진보와 인류 문화의 독특한 특징들을 설명할 수 있는지 생각해보자. 사람들은 이를 설명하고자 많은 주요 내러티브들을 제시했다. 그 가운데 하나로서 새로운 무신론

---

* Lord of the Flies, 1954. 한 무리의 영국 소년들이 무인도에 도착하여 스스로 자치체로 살아가는 동안 드러나는 인간 본성과 그에 따른 비참한 결과를 그린 작품이다.

이 좋아하는 것이, 종교적 미신이 깎여나가면서 인류의 상태도 발전해가고 인류는 모든 터부와 임의적으로 만들어진 제약들에서 벗어나 해방을 누리게 되었다는 내러티브다. 그러나 서양의 자유주의가 실패했다는 것이 근래 점점 더 분명히 드러나면서, 요새는 서양에서도 이런 메타내러티브를 유지하기가 훨씬 더 힘들어졌다. 실제로 이런 메타내러티브가, 근래 새로운 무신론을 꼼짝 못하게 만든 테리 이글턴의 비판이 겨눈 주요 표적들 가운데 하나라는 사실에는 중요한 의미가 있다.

이글턴은 "거칠 것이 없는 인류 진보의 꿈"을 "순진한 미신"이요,[3] 엄격한 증거가 없는 요정 이야기라고 묘사한다. "만일 경건한 신화와 사람들이 쉬이 속아 넘어가는 미신이 있다면, 몇 가지 소소한 문제가 있어도 우리가 더 나은 세상을 향해 늘 끊임없이 전진하고 있다고 믿는 자유주의-합리주의자의 믿음이야말로 바로 그런 신화요 미신이다." 요컨대 계몽주의는 지적인 정당성도 확보할 수 없고 실제로 이룰 수도 없는 이상들을 구구절절 늘어놓은 것으로 드러났다.[4] 따라서 크리스토퍼 히친스가 밑도 끝도 없이 자신의 종교 비판을 끝맺으면서, 계몽주의 특히 18세기 계몽주의 형태로 돌아가자고 호소하는 것은 상당히 당황스럽다.[5] 무신론을 교리처럼 떠받드는 또 다른 인물인 피터 앳킨스(Peter W. Atkins, 1940-)는 "무신론, 그리고 과학을 통해 무신론에 정당성을 부여하는 것은 계몽주의를 신으로 숭배하는 것"[6]이라고 주장한다. 이런 말은 1930년대 소련에서 "무신론 전사 동맹"*이 펼친 선전과 비슷하게 들려 우울한 느낌이 든다. 이 동맹은 소련 시민들에게 진보적이고 과학적이며 무신론을 따르는 세계관을 가지라고 요구했다.[7] 그러나 우리는 개인과 사회에 관한 이런 픽션들—여기에는 과학과 이성이 지배하는 시대가 황금 시대였으며 그 시대가 이제는 사라졌다는 신화도 포함된다—에 분명히 의문을 제기해야 한다. 근래 계몽주의를 비판하는 많은 사람들은 계몽주의가 억압과 불관용을 키웠다고 비판하는데(이런 비판은 바로 히친스가 종교를 겨냥하여 퍼부은 비난과 일치한다), 히친스는 왜 이런 비판자들에게 맞서지 않은 걸까?

새로운 무신론은 종종 엄격하게 증명된 사실들만 이야기하는 계몽된 무신론자들과 달리, 하나님을 믿는 사람들이 "증명되지 않은 믿음들"을 주장한다고 비판한다. 하지만 그렇게 말한다면 인간의 진보를 믿는 새로운 무신자들 자신의 믿음은 어찌된 것인가? 이글턴은 이런 신화를 누가 봐도 확연한 거짓 모조품이요, "맹신"의 명백한 본보기로 치부하여 내쳐버린다.[8] 사리분별이 있는 사람이라면, 히로시마와 아우슈비츠와 아파르트헤이트처럼 인간이 만들어낸 재앙을 "한 지역에서 벌어진 몇 가지 소소한 문제들"로서, 역사의 끊임없는 상향 진보를 방해할 수 없는 것쯤으로 간주하는 세속 신화에

---

* League of Militant Atheists. 1925년부터 1947년까지 활동했던 소련 내 무신론 선전 단체로, 노동자와 청년 공산당원, 퇴역 군인은 물론 지식인들까지 가세하여 공산당의 무신론 이념을 설파하는 데 앞장섰다.

과연 맞장구칠 수 있을까? 기독교와 무신론의 차이는 각각 "증명되지 않은 믿음"과 "지배 신화"(새로운 무신론자들이 쓰는 표현)를 골랐다는 점인 듯하다. 둘 중 어느 것도 증명할 수는 없다. 하지만 그 때문에 어느 쪽이 더 신뢰할 만하고 설득력이 있는지 판단할 수 없는 것은 아니다.

그렇다면 기독교는 문화와 역사를 어떻게 읽는가? 기독교 역사철학을 윤곽만이라도 제시하는 작업은 이 책의 범위를 넘어선다. 하지만 나는 여기서 다음과 같은 작업을 간략하게 해볼 것이다. 즉 역사와 문화를 바라보는 기독교의 시각 안에 있는 몇 가지 테마를 언급하고, 그 테마들이 우리가 실제로 관찰하는 것들을 어떻게 그려 보이는지를 탐구해볼 것이다. 여기서 두 가지 주요 테마를 들어보면, 첫째는 인간이 "하나님의 형상"으로 창조되었다는 생각이요, 둘째는 인간이 죄로 가득한 존재라는 생각이다. 신학자들과 신앙 공동체들은 기독교의 인간 본질 이해를 구성하는 이 두 요소 가운데 각기 서로 다른 것을 강조한다. 그렇지만 그들은 이 두 요소를 중심으로, 우리가 개인으로서 그리고 사회 속에서 어떻게 행동하는가라는 난제와 수수께끼들을 이해하려고 노력한다.

우리는 우리를 위로 끌어올리는 하나님의 시각에 흥분하고 그 시각으로부터 영감을 얻는다. 그런가 하면 연약하고 타락한 상태에 있는 인간 본성이 우리를 아래로 끌어내리는 것도 발견한다. 이것은 우리가 익히 아는 딜레마로서, 바울도 다음과 같은 유명한 말로 기독교 신학은 우리에게 인간이 지닌 복잡한 동기들과 뒤섞여 있는 강령들을 들여다볼 수 있는 예리한 렌즈를 제공해준다. 우리는 하나님의 형상을 가졌지만, 죄로 가득하다. 우리는 선을 행할 수 있지만, 동시에 악을 행할 수도 있다.

이를 분명하게 이야기했다. "내가 원하는 선은 행하지 아니하고 도리어 내가 행하는 것은 내가 원하지 않는 악이로다"(롬 7:19). 기독교의 시각에서 볼 때 분명히 우리는, 인류 안에서 대다수 정치 체제나 철학이 말하는 것보다 더 큰 운명이나 능력을 인식해야 할 뿐 아니라, 동시에 위대한 운명이나 능력만큼이나 이런 열망들을 이루지 못하는 능력의 한계 또한 인식해야 한다. 기독교 신학은 우리에게 인간이 지닌 복잡한 동기들과 뒤섞여 있는 강령들을 들여다볼 수 있는 예리한 렌즈를 제공해준다. 우리는 하나님의 형상을 가졌지만, 죄로 가득하다. 우리는 선을 행할 수 있지만, 동시에 악을 행할 수도 있다.

이런 사고방식 덕분에 우리는 인류 문화와 역사에서 보이는 복잡한 그림의 틀을 짤 수 있다. 한편으로 보면 인류 문화와 역사는 위대함과 선함을 이루려는 열망이었지만, 다른 한편으로 보면 억압과 폭력이었다. 많은 사람들은 역사에는 심오한 모호성이 있으며, 이런 모호성은 인간이 선하다고 주장하는 순진한 이론들이 무색하게 엄청난 파괴를 불러왔다고 논평했다. 테리 이글턴은 이 시대 인간의 문화("기업의 탐욕, 경찰국가, 정치와 타협하는 과학, 계속 이어지는 전시[戰時] 경제")와 역사("인종차별과 성[性] 개방이 가져온 참상, 식민 지배와 제국주의의 더러운 역사, 가난하

고 굶주리는 세대")가 지닌 더 어두운 측면을 지적하는 평론가들 가운데
한 사람이다.

　인류는 한 종(種)으로서 정녕 선을 행할 능력을 갖고 있을지도
모른다. 하지만 이 능력은 악을 행할 수 있는 능력과 결합해 있는 듯
하다. 만일 우리가 인간의 본성과 관련하여 순진하고 이데올로기에
치우친, 그리고 경험이 일러주는 증거를 무시하는 가치 판단에 근
거한 정치적·사회적 유토피아주의를 피하고자 한다면, 이런 심오
한 모호성을 반드시 인식해야 한다. 훗날 3부작 소설 『반지의 제왕』
(씨앗을뿌리는사람 역간)을 써서 명성을 얻은 톨킨(John Ronald Reuel Tolkien,
1892-1973)이 나치주의가 막 등장하던 1931년에 이미 알고 써놓았듯
이, 인류를 순진하게 바라보는 견해는 결국 정치적 유토피아주의로
이어진다. 이런 유토피아주의에서는 "진보"가 재앙으로 이어질 수
도 있다.

> 나는 똑바로 서서 아는 척하는, 진보하는 원숭이들과 함께 걷지 않겠다.
> 그들 앞에는 컴컴한 구렁이 입을 벌리고 있지만, 그들은 그 구렁을 향
> 해 나아가려 한다.[9]

1930년대에 나치주의와 스탈린주의의 등장이 만들어낼 부패와 잔
인함이 얼마나 깊을지 제대로 아는 사람은 아무도 없었다. 그러나
톨킨은 계몽주의를 추종한 대다수 저술가들이 보지 못한 것을 올바

로 그리고 예리하게 간파했다. 모든 것은 인간의 도덕성에 달려 있다. 기술의 발전은 치료하는 데 사용될 수도 있고 죽이는 데 사용될 수도 있지만 선택은 인간 몫이며, 인간이 한 선택이 재앙이 될 수도 있다. 톨킨이 쓴 『반지의 제왕』은 이런 테마들을 예리한 인식과 통찰을 발휘하여 탐구한 책이다. 대조적으로, 근래 나온 일부 무신론자들의 선언문에서는 그런 인식과 통찰을 찾아볼 수 없는 것이 슬프다.

과학의 진보는 우리 손에 새로운 기술과 기법들을 안겨주었다. 덕분에 오늘날 우리는 우리 조상들이 꿈만 꿀 수 있었던 일을 할 수 있다. 그러나 이런 진보는 몇 가지 진짜 문제들을 일으킨다. 의학의 진보 덕분에 우리는 인체의 작용 원리를 이해하여 새로운 치료법들을 만들어낼 수 있게 되었다. 그러나 이런 의학의 진보는 인체 생리에 관한 지식을 활용하여 대량 살상 무기를 만들어내는 결과로 이어질 수도 있다.

여기서 나는 과학에는 본디 잘못이 없다는 것을 분명히 해두고자 한다. 문제는 우리 인간이 이 과학을 어떻게 사용할지 선택한 것과 관련이 있다. 우리는 얼마나 신뢰할 만한가? 우리는 왜 선한 결과를 낳을 수 있는 발명품들을 가지고 나쁜 일을 행하는가? 우리는 왜 끊임없이 쟁기를 칼로 바꾸는가?[10] 이와 같은 생각 때문에 독일의 사회철학자인 테오도르 아도르노(Theodor Adorno, 1903-1969)는 인간의 진보를 믿는 믿음을 놓고 몇 가지 쉽지 않은 질문들을 제기했

다. 아도르노에게 있어서 "진보"란 투석기에서 원자폭탄으로 옮겨
간 것이었다.

이 점을 탐구해보고자, 미국의 위대한 과학자 중 한 사람인 루
이스 프레더릭 피저(Louis Frederick Fieser, 1899-1977)의 이력 가운데 들
어 있는 한 에피소드를 살펴보겠다. 그는 1930년에 하버드 대학교
화학 교수가 되었다. 그는 아내인 메리 피터스 피저(Mary Peters Fieser,
1909-1997)와 함께, 비타민 K를 포함하여 혈액 응고에 필요한 물질로
서 자연히 생겨나는 일련의 중요한 합성물들을 인공 합성하는 방법
을 개발하여 명성을 얻었다.[11] 피저의 뛰어난 합성 과정 덕분에 의
학상 중요한 화학 물질들을 더 값싸고 더 널리 활용할 수 있게 되었
으며, 환자 치료에 대단히 유익한 성과들을 이뤄냈다. 이런 점에서
피저는 과학이 가진 모든 선한 측면을 현실에서 이뤄낸 사람으로,
인류 발전에 기여한 인물로 볼 수 있다.

한편 피저는 1942년부터 1943년까지 하버드에서 또 다른 화
학 물질을 발명해낸 팀을 이끌었다. 하지만 오늘날 많은 과학자들
은 이 팀 이야기만 나오면 당황해하며 조용히 넘어가려 한다. 당시
미국 육군은 정글에서 나무들을 불살라 통로를 개척하고 태평양 전
선에서 참호 속에 숨어 있는 적군을 제거하는 데 적합한 화학 무기
를 시급히 요구했다. 피저와 그가 이끄는 팀은 현재 "네이팜"으로 알
려져 있는 화학 합성물을 개발했다. 이 네이팜은 효과가 좋고 파괴
력이 좋은 전쟁 무기로 일부러 불을 활용할 심산으로 고안해낸 것

이었다. 네이팜은 일단 불이 붙으면 그 불을 끌 수가 없었다. 네이팜은 젤(gel) 형태를 띠고 있었는데, 이것이 사람 몸에 달라붙으면 제거할 수도 없었다. 네이팜은 산소를 급속히 소진시켜 불에 타죽지 않더라도 질식하여 죽게 만들었다. 그것은 태평양 전선에 딱 들어맞는 무기였다. 그러나 이 네이팜은 참호나 밀림 속에 숨어 있는 적군을 제거하는 데만 사용되지 않았다. 1945년 3월 9일과 10일 밤, 미국 육군 항공대*는 1,700톤에 이르는 네이팜탄을 도쿄에 투하했다. 이 바람에 많은 민간인이 죽었다. 그날 밤에 10만 명이 죽은 것으로 추정되는데, 이 즉사자 숫자만 놓고 보면 몇 달 뒤에 히로시마와 나가사키에 떨어진 원자폭탄으로 즉사한 사람보다 더 많다.

피저가 한 일은 정당하다고도 볼 수 있다. 요컨대 미국은 당시 총력전을 펼치고 있었다.[12] 논란이 있긴 하지만, 전쟁이 커졌으면 훨씬 더 큰 인명 손실이 있었을지도 모른다. 그러나 이제 모든 것을 다 털어놓고 말한다면, 네이팜 개발은 과학이 사람의 질병을 고치고 생명을 연장하는 데 사용될 수도 있지만 사람을 죽이고 파괴하는 데 사용될 수도 있다는 것을 되새겨준다. 피저는 단순하고 순진하게 과학을 인류의 구원자로 떠받들던 사람들의 속없는 낙관주의를 그 근본부터 허물어뜨리는 데 큰 공로를 세운 사람이라고 보는

---

* 원서에는 "U. S. Air Force"로 되어 있으나, 미국 공군이 아니라 "미국 육군 항공대"가 맞다. 제2차 세계대전 당시, 미군에는 공군이 없었고 육군, 해군, 해병대에 각각 항공대가 있었다. 미국은 이 가운데 육군 항공대를 따로 떼어내어 1947년에 공군을 만들었다.

것이 올바른 생각이다.

다시 강조하지만, 나는 과학의 진보를 결코 비판하지 않는다. 내 관심사는 도덕상 흠이 있는 우리 인간들이 과학의 진보를 앞세워 하는 일이 무엇인가 하는 것이다. 예를 들어 과학 발전을 촉진하는 가장 강력한 엔진이 때로는 군사 영역, 즉 더 나은 무기를 만들고 싶어하는 욕구라는 이 어색한 사실을 누가 못 본 체할 수 있겠는가? 바로 이것이 조지프 롯블랫 경(Sir Joseph Rotblat, 1908-2005)의 큰 관심사이기도 했다. 그는 양심 때문에 최초의 원자폭탄을 만들던 맨해튼 프로젝트(1942-1946)에서 탈퇴한 유일한 물리학자였으며, 1995년에 노벨 평화상을 받았다.[13] 롯블랫은 "네가 인간임을 기억하라"라는 제목의 수상 연설에서, 인간성이 지닌 도덕적 모호성과 이런 모호성이 과학의 진보에 암시하는 것을 강조했다. 롯블랫은 1999년에도 그의 관심사를 다시 피력했다.

핵무기 경쟁은 대부분의 과학자들이 부추겼습니다. 과학자들은 끊임없이 새로운 유형의 무기를 고안했습니다. 이렇게 한 것은 어떤 믿을 만한 이유—핵무기가 있으면 무기 공장을 100분의 1로 줄여도 사람들이 이해할 만한 전쟁 억지 목적을 달성할 수 있을 것이라는 이유—때문이 아니라, 주로 그들의 과장된 자기과시 욕구, 혹은 새로운 기술 개념을 탐구할 때 경험했던 강렬한 쾌락을 만족시키려는 이유 때문이었습니다.[14]

여기서 내 관심사는 네이팜이나 핵무기와 관련된 윤리 문제를 논하는 것이 아니라, 전문가나 정치인의 세계를 이상화하는 것을 피하는 비판적 시각이 필요함을 강조하는 것이다. 현실에 입각하여 인간 본성을 바라보는 시각이야말로 정치와 기업 경영과 과학과 경제 세계에서 분명하게 볼 수 있는 실패와 흠들을 이해하는 데 필요하다. 인간 본성과 인간이 하는 일들이 지닌 어두운 측면 때문에, 우리가 이런 영역들에 뛰어들어 세상을 더 나은 곳으로 만들려고 일하는 것을 그만두어서는 안 된다. 인간 본성을 있는 그대로 바라보는 사실주의는 이런 정황들 속에서도 행동을 지속할 수 있는 전제 조건이다. 그렇지 않으면 나타날 결과는 헛된 꿈이나 유토피아일 뿐이다.

따라서 기독교 신앙은 우리가 인간 본성을 있는 그대로 들여다보게 해주는 해석 렌즈를 제공한다. 기독교 신앙은 우리가 사물들을 이해하게 도와준다. 뿐만 아니라, 기독교 신앙은 인간의 이상과 능력을 순진하게 평가하지 않게끔 도와준다. 기독교는 능숙한 의사처럼 인간의 상황을 진단한다. 하지만 이렇게 하는 것은 심판을 선고하고 전달하려는 목적 때문이 아니라 이 상황을 바꾸려면 해야 할 일이 무엇인지 알아내려는 목적 때문이다. 병을 밝혀내는 것은 치료에 필요한 선결 조건이다. 기독교가 제공하는 해석 렌즈 덕분에 우리는 인간에게 무엇이 잘못되었는지 탐구할 수 있고 뒤이어 해결책—우리가 앞으로 다룰 기독교의 구속 교리가 상세히 이야기하는 해결책—을 강구해갈 수 있다.

이제 우리는 인간 본성이 지닌 또 다른 측면에 주목하려 한다. 진정 우리에게 중요한 문제가 되는 것들을 찾아내려 하는 것이 바로 이 측면이다. 우리는 흠이 있을 수 있지만, 그래도 탁월함과 완성을 내다보는 꿈을 갖고 있다. 이 꿈은 우리가 인간으로서 가진 제약들을 넘어서고 싶어하는 갈망을 갖게 만든다. 그렇다면 이런 꿈은 어디서 나올까? 이 꿈은 우리를 어디로 인도하는가? 이어서 우리는 깊은 곳에서부터 일어나 마음의 욕망을 이루려 하는 인간의 욕구를 살펴보겠다.

12장
마음의 욕망, 의미를 찾으려는 갈망

우리는 더 나은 세계, 정의롭고 평화롭고 의미 있는 세계를 꿈꾼다. 우리가 둘러보는 세계는 우리 열망에 미치지 못하는 것처럼 보일 때가 자주 있다. 하지만 어쨌든 우리는 세상이 이래서는 안 된다는 것을 깊이 직관하고 있는 것 같다. 앞서 말했듯이, 윌리엄 해즐릿은 사람을 가리켜 "현실과 당위가 다르다는 것에 충격을 받는 유일한 동물"이라고 예리하게 지적했다. 우리는 고난을 목격한다. 그리고 우리는 아픔과 고난과 죽음이 더 이상 존재하지 않는 세계를 간절히 기다린다. 우리는 불의를 목격한다. 그리고 우리는 의가 산으로부터 큰 물줄기처럼 흘러내려와 부패를 완전히 쓸어버리는 세계를 간절히 기다린다. 분명히 실재에는 우리가 우리 주위에서 보는 것보다 더 많은 것들이 존재하는 게 틀림없다! 분명 이 세계보다 더 나은 세계가 존재하는 게 틀림없다.

어쩌면 이것들은 단지 우리를 위로하려고 하는 생각들, 거친 삶의 현실로부터 우리를 보호하려고 만들어낸 심리학적 방어책일지도 모른다. 하지만 거듭 말했듯, 이것들은 어쩌면 실마리들일지도 모른다. 이것들은 어쩌면 또 다른 땅—우리가 이전에 버리고 떠났던 땅, 그러나 미래에는 그곳에 살 수 있기를 소망하는 땅—으로부터 우리를 부르는 음성, 그 땅에 관하여 우리에게 이야기해주는 음성을 일러주는 것일지도 모른다. 분명히 이런 것들은 톨킨이 품었던 생각이었다. 그는 옛날 스칸디나비아와 앵글로색슨의 서사시들을 꼼꼼히 연구했으며, 이 연구가 결국 『반지의 제왕』 집필로 이어졌다. 톨킨은 상상력이 의미를 찾는 열쇠이며 우리가 보고자 하는 세계를 여는 열쇠라고 주장했다. 그가 제시한 시각에 비춰보면, 우리도 삶의 난제들과 수수께끼들을 이해할 수 있다.

톨킨은 1931년, C. S. 루이스와 오랜 대화를 나눈 후 "신화 짓기"(Mythopoeia)라는 시를 썼다. 이 시에서 그는 인간에겐 고향으로 돌아가려는 본능이 있고, 날 때부터 우리의 참된 기원과 운명을 느낀다고 주장한다. 톨킨은 인간의 마음이 여전히,

유일하신 지혜자로부터 어떤 지혜를 끌어내며
여전히 그분을 떠올린다.

라고 썼다.[1] 1998년에 교황 요한 바오로 2세가 발표한 문서인 "신앙과 이성"에서도 비슷한 생각을 발견할 수 있다. "하나님은 인간의 마음속에 진리를 알고자 하는 욕망을 놓아두셨다." 인간은 진리를 알기를 열망하고 끊임없이 진리를 찾으려고 한다. 또한 그리할 때 창조주요, 인간이 궁극적으로 다다를 목표 지점인 하나님께 돌아가도록 인도함을 받는다. "인간의 마음속 깊고 깊은 곳에는 하나님을 향해 가려는 욕망과 향수의 씨앗이 있다."[2]

톨킨도 아주 비슷한 생각을 가지고 작품을 썼다. 우리는 황홀한 세계와 마술 같은 세상을 꿈꾼다. 하지만 이것은 일종의 도피주의가 아니라 우리의 참된 정체성과 운명을 발견하고 표현하는 방편이다. 톨킨도 이런 결론을 내린다.

그래! 우리는 "소원은 이루어진다는 꿈들"을 겨우겨우 만들어내지만
나약한 우리 마음과 더러운 현실은 산산이 부수고 말지!
그럼 소원은 어디서 왔고 꿈꾸는 힘은 어디서 온 거야,
어떤 것들은 멋지게 보이고 또 어떤 것들은 추해 보이는 것은 뭣 때문이지?[3]

톨킨은 우리가 꿈을 꾸고 성찰하게 **되어** 있다고 주장한다. 또 우리가 창조해내는 것들은 우리가 어떻게 창조되었는가를 반영한다. "우리는 우리가 만들어진 법칙에 따라 여전히 만들어낸다."

그렇다면 우리 주위에서 볼 수 있는 것보다 더 많은 것이 우리 삶에 존재한다는 이 심오한 직관을, 우리는 어떻게 설명할 수 있을까? 여러 가지 답이 있지만 그 중 하나는 이런 직관을 망상이요 우리가 발명해낸 잔인한 판타지로 치부하여 내버리는 것이다. 우리는 무의미한 이 세계의 현실을 마주할 수 없기 때문에 이런 망상을 만들어낸다. 이런 생각은 고대 저술가들의 글에서도 발견되지만, 특히 근래에 활동한 세 저술가가 이것을 펼쳐보였다. 이 세 사람은 같은 생각을 각기 다른 방향에서 받아들였다. 독일의 무신론 철학자인 루트비히 포이어바흐(Ludwig Feuerbach, 1804-1872)는, 우리가 우리의 갈망과 소망을 상상 속의 스크린 위에 비추면서 이 상상 속의 실재를 "하나님"이라 부른다고 주장했다. 그는 신이 없다고 선언한다. 그저 인간의 소망과 바람이 한 묶음 있을 뿐인데, 순진한 인간들은 이것을 하나님으로 오해한다는 것이다.

칼 마르크스(Karl Marx, 1818-1883)는 이런 사상을 더 발전시켰다. 우리는 먼저 사람들이 왜 하나님이라는 개념을 만들어내는지 이해해야 한다. 마르크스는 이 하나님이라는 헛된 꿈이 등장하는 이유를 사회와 경제의 비참한 현실 때문이라고 주장했다. "종교는 억압받는 피조물의 탄식이다.…종교는 민중의 아편이다." 마르크스는 사회주의 혁명이 일어나면 하나님을 믿는 믿음이 생겨나게 된 원인이 제거될 것이라고 선언했다. 하나님을 믿는 믿음은 저절로 말라 사라지리라는 것이었다. 그러나 실제로 그런 일은 전혀 일어나지 않았다. 소련과 그 위성 국가들에서도 하나님을 믿는 믿음은 끈질기게 생명을 이어갔다. 마르크스주의 이론가들에게는 이것이 큰 골칫거리였다. 소련이 몰락하면서 종교의 믿음과 종교 활동도 급속히 되살아났다.

지그문트 프로이트(Sigmund Freud, 1856-1939)는 하나님을 믿는 믿음이 환상이요, 생물학적·심리학적 억압에서 유래한 "소원의 세계"라고 주장했다. "종교의 믿음은 환상이요, 지극히 오래되고 가장 강력하며 가장 절박한 인간의 소원들이다." 하나님은 하늘에 계신 위대하신 아버지로서, 우리가 상상하는 보호와 위로를 공급해주는 상상 속의 원천이다. 하나님을 믿는 믿음은 꿈이요 소원 성취로서, 사람들의 심리에 해를 끼친다.

이 세 사람의 접근법에는 공통된 테마가 하나 있다. 더 나은 세계의 꿈 혹은 우리를 사랑하는 하나님이라는 꿈은 발명품이요, 인간이 지적·사회적·심리적 환경에 대응하여 만들어낸 것이라는 주장이 바로 그것이다. 하나님도 초월적인 것도 존재하지 않는다. 우리 눈에 보이는 이 세계를 초월하여 존재하는 것은 아무것도 없다. 또 다른 세계가 있으리라는 우리의 꿈은 단지 우리 자신을 위로하고 무의미라는 견딜 수 없는 진리로부터 보호하려는 순진한 시도일뿐이다. 종교는 우리를 위로해주는 속임수요 민중의 아편이다.

폴란드 시인이자 1980년에 노벨 문학상을 받은 체스워프 미워쉬(Czeslaw Milosz, 1911-2004)는 근대가 남긴 잘못된 사상과 관련하여

한 가지 흥미로운 점을 강조한다. 체스워프는 처음에는 나치주의 치하에서, 그 다음에는 스탈린주의 치하에서 지적인 탄압을 받았다. 지적 질식 상태에 빠진 자신을 발견한 그는, 20세기에 나타난 절망과 독재의 궁극적 근원에 대해 거의 의심하지 않았다. 그는 "허무주의의 신중한 매력"(The Discreet Charm of Nihilism)이라는 제목의 주목할 만한 에세이에서, 그 궁극적 근원이 종교가 아니라, 허무주의가 종교에 맞서 내세우는 반대명제(antithesis)라고 지적한다. 이 반대명제는 20세기를 억누른 전체주의의 뿌리에 자리해 있다.

> 종교, 민중의 아편! 고통과 수치와 질병과 농노 생활로 괴로움을 겪는 이들에게 종교는 내세의 보상을 약속했다. 그리고 이제 우리는 변화를 목격한다. 민중의 진짜 아편은 죽음 뒤에 아무것도 없다는 믿음—우리가 배신과 탐욕과 비겁함과 살인을 저질러도 심판을 받지 않으리라는 생각이 주는 엄청난 위로—이다.[4]

이제 마르크스주의자가 신봉하는 신조는 뒤집어졌다. 현대의 진짜 아편은 하나님이 **없다**는 믿음, 그래서 사람들은 자기가 좋아하는 것을 자유로이 할 수 있다는 믿음이다. 우리는 우리가 좋아하는 대로 자유로이 행할 수 있는 도덕의 우주를 만들어낸다. 마지막 때에 책임을 지는 일은 결코 존재하지 않을 것이다.

서양 문화 속의 많은 사람들이 이런 주제를 취하여 발전시켰다.

요 근래에는 리처드 도킨스의 『만들어진 신』의 출간과 함께 2006년 무렵부터 펼쳐지기 시작한 새로운 무신론에 속한 이들이 같은 일을 했다. 이 책이 사람들에게 집에 가서 생각해보라고 던진 메시지는 간단하고 직설적이다. 자연계 밖에는 아무것도 없으며, 자연계를 이해할 수 있는 가장 신뢰할 만한 방법은 과학적 방법을 적용하는 것이라는 게 그 메시지다. 하나님은 망상이다. **이해할 수 있는** 망상이긴 하지만, 그래도 망상이다. 도킨스는 하나님을 믿는 이런 망상 같은 믿음이 "밈"으로부터 생겨난다고 주장한다. 앞서 보았듯이(6장), "밈"이라는 개념 자체는 많은 사람들을 망상같은 꿈을 꾸는 사람들이라고 질타한다. 이 "밈"은 실제로 뒷받침해주는 증거가 거의 없는 것을 무턱대고 믿는 믿음을 대변한다. 하지만 도킨스 역시, 그가 종교인들이 하나님을 믿는 태도라고 지적한 것과 똑같은 식으로 밈을 믿고 있지 않은까? 이 점을 꼬집는 사람은 비단 어느 한 사람만이 아니었다.

그렇다면 하나님을 믿는 믿음은 망상인가? C. S. 루이스는 젊은 시절 공격적인 무신론자로 살아갈 때만 해도 분명히 그렇게 생각했다. 루이스는 열정과 아름다움과 의미가 존재하는 세상을 열망하는 자신을 발견했지만, 과거의 그는 이런 세상이 존재하지도 않고 존재할 수도 없다고 믿었다. "나는 내가 사랑하는 거의 모든 것이 상상이라고 믿었다. 나는 내가 사실이라고 믿는 거의 모든 것이 무자비하고 무의미하다고 생각했다."[5] 그의 상상력은 더 나은 세계가 있다고 그에게 일러주었다. 그러나 그의 이성은 이 더 나은 세상이 그 저 난센스일 뿐이라고 일러주었다. 때문에 그는 자신이 택할 수 있 는 길은 단 하나, 무의미한 세상의 황폐함과 그의 무의미한 실존을 그대로 대면하는 것뿐이라고 믿었다. 그는 아름다움과 의미가 존재 하는 상상의 세계 그리고 무미건조함과 절망이 존재하는 실제 세계 사이에서 선택해야만 했다.

일부 사람들은 이것은 여러 가능성들을 쓸데없이 제약한 것이 라고 올바로 지적할 것이다. 우리가 경험할 수 있는 실존의 좋은 점들을 강조하는 삶을 이해할 또 다른 길들이 있을지도 모른다. 그 러나 리처드 도킨스는 많은 문제들에서 루이스와 첨예한 대립각을 세우면서도, 실제 세계를 이와 같이 분석하는 데에는 의견을 같이 한다.

물리학의 맹목적 힘들과 유전자 복제가 존재하는 우주에서 어떤 사람 들은 상처를 입기도 하고 또 어떤 사람들은 행운을 누리기도 하지만, 여러분은 그 안에서 어떤 이치나 이유도, 어떤 정의도 발견하지 못할 것이다. 요컨대 우리가 관찰하는 우주는 그 안에 어떤 설계도, 어떤 목 적도, 어떤 선과 악도 존재하지 않고 다만 맹목적이며 무자비한 무관 심만 존재한다면 가졌을 법한 바로 그 특성들을 가졌다.[6]

여러분이 보는 것이 전부다. 이 맹목적이고 무의미한 우주 안에는 악도 없고 선도 없으며 목적도 없다. 분명히 도킨스는 인간이 의미를 **구성**해낼 수 있다는 것을—그리고 **구성**해낸다는 것을—인정할 것이다. 실제로 그가 종교에 맞서 제시하는 기본 주장들 가운데 하나는, 종교가 제멋대로 허황된 믿음을 구성해내어 본디 무의미한 세계에 맞서려고 시도한다는 것이다.[7] 도킨스에 따르면 종교는 이런 믿음을 정당하게 세계 안에서 찾아내지 않고, 유별나게 세계에 강요하려 한다. 하나님을 믿는 믿음은 발명품이며, 진정 실재를 발견한 것도 아니요 실재가 일러준 계시도 아니다.

하지만 루이스는 의미를 찾으려는 우리의 갈망이 우리의 경험이라는 문지방 뒤편에 자리한 무언가를 넌지시 일러준다고 주장했다. 그것은 인간이 우리가 아는 세계보다 더 나은 것을 찾게끔 창조되었다는 것을 일러주는 실마리다. 루이스는 주로 인간의 갈망이 다른 초월 세계를 암시하는 것과 관련되어 있고, 우리 삶이 결국 다다를 목표가 존재하는 곳과 관련되어 있다고 보았다. 이런 초월 영역이 실은 "하나님 나라"이긴 하지만, 그래도 하나님이 존재하심은 우리 인간의 갈망과 단지 부차적으로 관련되어 있을 뿐이다. 도킨스는 실재의 표면만 대충 훑어본 뒤, 세계의 겉모습이 곧 세계의 심오한 구조들과 동일하다고 믿는다. 하지만 루이스는 우리가 관찰하는 것들이 감춰진 무언가를 일러준다고 주장한다. 일단 발견되기만 하면, 이 감춰진 무언가는 우리가 만물을 보는 시각을 바꿔놓는다.

알려지지 않은 어떤 것, 어쩌면 알 수도 없는 것을 찾으려는 욕구를 깊이 인식하는 경험을 한 사람은 분명 루이스 한 사람만이 아니다. 영국의 시인인 매튜 아놀드(Matthew Arnold, 1822-1888)는 독일 낭만주의 문학이 "부드러우며 그리움과 눈물이 가득한 갈망", 실제 세계가 전혀 만족시켜주지 못하는 갈망을 증언한다고 말했다. 루이스 자신도 강렬한 욕구를 경험했다. 그랬던 터라 그는 실재를 다룬 어떤 이론도, 어떤 세계관도, 이런 경험들을 수용할 능력이 없다면 적절하지 않다고 믿었다. 우리는 이런 강렬한 욕구, 위로할 길이 없는 이런 갈망을 어떻게 설명할 수 있을까? 그런 욕구나 갈망이 우리가 경험했거나 상상할 수 있는 그 어떤 것도 지향하지 않는 것처럼 보인다면, 대체 그런 욕구나 갈망은 무슨 목적에 기여하는 걸까?[8] 프랑스의 위대한 철학자인 블레즈 파스칼(Blaise Pascal, 1623-1662)은 인간의 갈망을 우리의 참된 목표를 가리키는 힌트로 보았다.

이 갈망과 무력함이 선포하는 것은 무엇인가? 한때는 각 사람 속에 참된 행복이 있었지만 이제 남아 있는 것이라곤 텅 빈 흔적과 자취뿐이라는 사실인가? 우리는 이 텅 빈 흔적과 자취를 우리 주위에 있는 모든 것으로 채우며, 존재하는 것들 안에서 발견할 수 없는 도움을 존재하지 않는 것들 안에서 발견하려고 쓸데없이 애쓴다. 그러나 어느 누구도 만물을 바꿔놓을 수는 없다. 이 무한한 심연은 오로지 무한하고 변하지 않는 것만이, 다시 말해 하나님 바로 그분만이 채워줄 수 있기 때문이다. 오직 하나님만이 우리의 진정한 복이시다.[9]

바로 이런 통찰에서 많은 사람들은 깊은 만족을 발견했다. 오랜 세월 동안 무신론자로 살면서 어떤 답도 찾을 수 없다고 확신했던 루이스 역시 같은 답을 발견하게 되었다.

오랫동안 루이스는 자신이 "기쁨"이라 이름 붙인 강렬한 욕구가 그저 상상 속에 존재하는 무언가를 바라는 욕구라고 믿었다. 그러다가 그는 이 욕구가 중요한 의미를 지녔을 뿐 아니라 실제로 존재하는 어떤 것을 가리키는 것일 수도 있음을 깨닫기 시작했다. 이 점에서 루이스의 변화는 이런 체험의 효력이나 본질과 관련되어 있다기보다, 오히려 그 체험이 지닌 의미와 관련되어 있다. 그는 처음에는 강렬했지만 결국 아무런 의미도 없다고 생각했던 체험을 완전히 다른 시각으로 보게 되었다. 그는 그 체험을 새 렌즈를 통해, 새 해석 틀을 사용하여 바라보았다. 그러자 그 체험의 의미가 완전히 바뀌었다. 여기서 욕구의 본질에 관한 루이스의 성찰은, 하나님의 존재하심을 충만한 이성에 근거하여 변호한 것으로 보기보다 직관적 성찰로 보는 것이 가장 좋다. 미국의 위대한 철학자인 찰스 샌더스 퍼스(Charles Sanders Peirce, 1839-1914)가 만든 개념들을 사용한다면, 분명히 루이스는 **연역적** 접근법이 아니라 귀추법을 사용하고 있는 셈이다. 그가 다루는 문제는 간단하다. "사물들을 바라보는 방법으로서, 이런 수수께끼 같은 관찰 결과를 설명해줄 방법으로 제시할 수 있는 것은 무엇인가?"가 바로 그 문제다.

루이스의 주장에 따르면, 대다수 사람들이 말 그대로 이 세상에서는 가질 수 없는 무언가를 열렬히 바라는 욕구를 체험한다. 그렇다면 이 욕구를 어떻게 설명해야 하는가? 루이스는『순전한 기독교』(홍성사 역간)에서 크게 세 가지 가능성을 탐구한다. 일부 사람들은 만족과 기쁨을 발견하지 못하는 것이 세상에 있는 잘못된 것들을 욕망하기 때문이라고 주장한다. 인간의 욕구가 일단 대상을 바로 찾기만 한다면, 참된 만족이 찾아올 것이다. 때문에 그들은 쉼 없이 찾고 또 찾는 과정에 몰두하지만, 그렇게 해도 그들이 찾는 목표 지점에 이르거나 거기서 발견할 것 같지는 않다. 또 다른 이들은 갈망의 느낌을 통째로 부인하고 억누르면서, 이런 느낌을 단지 "소원을 담은 생각"이나 "젊은 시절의 낭만" 쯤으로 치부하며 내쳐버린다. 루이스도 처음에는 이런 입장들 가운데 두 번째 입장으로 기울어지곤 했다. 그러다가 점차 자신의 갈망을 이해하는 세 번째 길이 있음을 믿게 되었다. 세 번째 길이란, 이 갈망을 또 다른 세계가 있음을 일러주는 표지로 보는 것이었다. "만일 내가 이 세상에서 한 경험으로 결코 만족되지 않는 욕구를 자신 안에서 발견한다면, 가장 타당한 설명은 내가 또 다른 세계를 바라보게끔 만들어졌다고 보는 것이다." 우리는 능숙한 솜씨로 만들어진 악기와 같다. 하지만 우리가 아무리 정교하게 조율되고 아름답게 만들어졌어도, 우리를 연주할 이가 없으면 불완전하다. 이 악기는 아름다움과 기쁨을 만들어낼 수 있지만, 그 가능성은 채워지지 않은 채 그대로 남아 있다.

하지만 우리는 기독교를 단지 개념들의 집합체나 그물처럼 얽혀 서로 영향을 주고받는 개념들의 조직체로 생각해서는 안 된다. 사실 기독교 신앙은 거미줄처럼 얽혀 있는 개념들을 다루며, 이 신앙은 우리 주위에서 볼 수 있는 것들을 설명해줄 수 있다. 그러나 실재를 바라보는 기독교의 시각은 개념이라는 한정된 영역을 훨씬 넘어선다.

사실 기독교 신앙은 거미줄처럼 얽혀 있는 개념들을 다루며, 이 신앙은 우리 주위에서 볼 수 있는 것들을 설명해줄 수 있다. 그러나 실재를 바라보는 기독교의 시각은 개념이라는 한정된 영역을 훨씬 넘어선다.

기독교의 시각 속에는 이미지와 내러티브와 가치들도 들어 있다. 톨킨이 중심 주제로 삼은 것은 "신화"다. 톨킨에게 "신화"란 현재 우리가 "메타내러티브"라고 부르는 것, 즉 다른 모든 이야기들의 위치를 설정해주고 그것들을 설명해주는 이야기를 의미한다.[10] 따라서 톨킨이 말하는 "신화"를, 일상적으로 사용되는 의미처럼 사실이 아닌 어떤 것을 가리키는 말로 이해해서는 안 된다. 그는 신화를 기원과 행위와 가치를 담은 내러티브로서, 사건들과 각 사람에게 의미를 부여하는 것으로 본다. 따라서 신화는 실재를 바라보는 시각으로서, 인간의 언어와 체험을 통해 굴절된다.[11]

『반지의 제왕』같은 톨킨의 작품에서 잘 보여지듯, 신화는 인간의 상상력을 사로잡아,[12] 더 낫고 더 정의로운 세상을 꿈꾸는 비전을 열어주는 힘을 가졌다. 톨킨이 발견한 것은, 지배적인 중심 이야기(a controlling story)가 개념들의 덩어리보다 훨씬 더 강력하고 만족을 안겨준다는 것이다. 신화는 인간의 상상력에 깊이 호소하여, 추상 개념보다는 풍성한 이미지를, 이론적 논증보다는 행위들에 대한 묘사를 제공해준다. 이리하여 톨킨은 신화가 인간의 성찰에 필수불가결하다고 믿게 되었다. 신화는 우리가 우리의 참된 정체성과 목표를 발견해가는 과정을 제어한다.

톨킨의 주장에 따르면, 모든 문화는 그 근간을 이루는 신화, 즉 역사와 경험을 설명해주는 이야기 위에 세워져 있다. 근대라고 예외가 아니다. 테리 이글턴을 위시한 일군의 문화 평론가들이 지적했듯이, 근대도 진보와 계몽이라는 자신의 고유한 내러티브 위에 서 있다. 그렇다면 우리는 이런 신화, 우리가 보고 경험한 것을 설명해주려 하는 이런 지배 내러티브를 어떻게 판단할 수 있을까? 톨킨은 그 답을, 어떤 신화가 삶의 난제들을 설명해줄 능력을 갖고 있는가에서 찾아야 한다고 본다. 우리는 이미 기독교 신앙이 실재를 밝히 설명해주는 능력, 심지어 실재의 어두운 구석까지 밝혀주는 능력을 가졌음을 살펴보았다.

나아가 톨킨은 신화의 본질과 관련하여 더 많은 것을 이야기한다. 신화에는 많은 종류가 있는데, 옛 이교도들의 위대한 신화와 그와 비슷한 현대판 신화들이 그 예다. 하지만 톨킨에 따르면, 이런 신화들은 모두 더 위대한 신화를 되비치거나 되울려주는 것에 불과하다. 이런 신화들은, 마치 유리 조각처럼, 자기 뒤에 자리한 더 위대한 빛을 굴절시킬 뿐이다. 종교의 세계관이든 혹은 세속의 세계관이든, 모든 세계관은 신화들에 의존한다. 이 신화들은 실재를 설명하려는 시도로서 여러 가지 다양한 방식으로 표현되며, 각 신화는 산산이 부서지는 빛의 조각들처럼 큰 전체 가운데 어떤 부분만을 되비쳐줄 뿐이다. 톨킨은 기독교가 구조면에서 이런 신화 형태를 띤다고 본다. 그러나 기독교는 **진짜를 이야기하는** 신화다. 다른 신화들은 모두 이 진짜 신화에 가깝거나 이 진짜 신화를 열망할 뿐이다. 진짜 신화는 유일무이하게 위대한 내러티브요 완전한 그림으로서, 다른 내러티브와 그림들을 설명하고 그 의미를 밝혀준다.

루이스도 비슷한 견해를 가지고 있었다. 1945년 옥스퍼드의 소크라테스 클럽에서 발표한 "신학은 시인가?"(Is Theology Poetry?)라는 논문에서 루이스는, 실재를 바라보는 기독교의 시각이 모든 것을 아우르는 본질을 갖고 있음을 고려할 때, 기독교와 다른 종교들이 때때로 보여주는 유사점들은 얼마든지 예상할 수 있고 환영할 일이라고 역설했다. 기독교 신앙은 다음과 같이 주장한다.

하나님은 모든 사람에게 어떤 깨우침을 베풀어주신다. 우리는 하나님의 빛이 "모든 사람을 비춰주신다"는 말을 듣는다. 따라서 우리는 위대한 이교도 교사들과 신화를 만들어낸 이들의 상상 속에서는 전체 우주 이야기의 줄거리인 바로 그 테마—즉 성육신과 죽음과 거듭남이라는 테마—의 어렴풋한 자취만을 발견할 수 있으리라고 예상할 수밖에 없다.[13]

루이스의 주장에 따르면, 기독교는 모든 것을 설명해주는 커다란 내러티브를 제공하며, 이 큰 내러티브는 다시 하위 내러티브들(sub-narratives)을 만들어낸다. 하위 내러티브들은 자기보다 더 커다란 전체를 불완전하게, 때로는 왜곡하여 드러낼 뿐이다. 복음은 모든 진리, 모든 이야기를 들려주고 실재를 상세히 알려주는 내러티브를 제시하여, 이런 하위 내러티브들의 위치를 설정하고 설명해준다. 그런가 하면 복음은 이런 하위 내러티브들이 기독교 복음이라는 단 하나의 커다란 내러티브 안에서만 완성되고 완전해짐도 일러준다. 이 기독교 복음 안에서 "신화는 사실이 되었다."

　루이스는 바로 이 복음이라는 메타내러티브, 즉 모든 것을 지배하고 밝게 비춰주는 복음이라는 이야기가, 아름다움과 중요성과 의미를 찾는 인간의 심오한 갈구를 설명해준다고 주장한다. 기원과 종착점을 이야기하는 기독교 내러티브는, 인간이 하나님을 알고 이를 통해 새 예루살렘으로 돌아갈 수 있게 창조되었다고 말한다. 히포의 아우구스티누스(Augustine of Hippo, 354-430)는 이 내러티브를 다음과 같은 유명한 기도문으로 요약하고 있다. "당신은 우리로 당신을 찾게 만드셨습니다. 그러므로 우리 마음은 당신 안에서 쉼을 찾을 때까지 쉴 수 없습니다."[14] 우리와 하나님이 지으신 것들의 만남은 이 쉼 없는 상태를 촉진하고 새롭게 한다. 하나님이 지으신 것들에는, 눈에 보이는 피조물이 끝이 아님을, 그리하여 피조물 너머에 궁극의 것이 있음을 일러주는 표지들이 풍성하게 박혀 있다. 지혜 있는 자들은 자연계가 자신의 한계를 선언하고 우리에게 이 자연계를 **통하여** 자연계 **너머에 있는** 것을 바라보도록 외쳐댄다고 본다. 피조 세계는 유리창과 같다. 우리는 이 유리창을 통해 세계를 지으신 분을 어렴풋이 알아볼 수 있을 뿐이다. 따라서 참된 의미는 다른 곳에서 찾아야 한다.

인간의 본능은 초월이 존재함을 알고 있다. 이런 본능은 기억과 아름다움과 갈망을 통해 자극된다. 이렇게 본향(本鄕)을 바라는 본능은 "우리 자신이 있었던 멀고먼 나라로 가고자 하는 욕구"라는 형태로 나타난다.[15] 루이스에 따르면, 아름다움은 잠시 머물다 떠나는 이 세상에서 만나는 어떤 것보다도 더 진짜인 이상을 일깨워주며, 우리가 지금은 쫓겨나 있는 장소, 어렴풋한 기억 속에만 존재하는 영역을 향한 갈망을 느끼게 한다. 이것은 "우리 경험 속에서는 실제로 단 한 번도 나타나지 않았지만", 우리가 경험하는 것들이 끊임없이 일러주고 암시해주는 것을 향한 욕구다.

우리는 이런 생각을, 평생 지하 동굴에 갇혀 사는 사람들을 묘사한 플라톤의 유명한 이미지를 사용하여 펼쳐볼 수 있다. 갇혀 있는 사람들이 아는 세계는 끊임없이 그들을 따뜻하게 해주는 불의 불꽃이 깜박이는 그림자 세계뿐이다. 플라톤은 우리가 그림자 세계에 살고 있음을 깨닫길 원한다. 이 세계 너머에는 색깔과 아름다움, 산에서 졸졸 흘러내려 오는 맑은 시냇물과 들판의 꽃들이 풍기는 신선한 향기가 있다. 그림자 세계만이 유일한 참 실재라는 주장을 교리처럼 고집하는 한, 우리는 더 나은 세계를 발견하지 못할 것이다. 겉으로만 보이는 것들을 실재라고 간주하는 사람들은 말 그대로 자신을 옥에 가둔 채, 그림자 너머에 있는 것들을 깨닫지 못하는 사람들이다.[16] 이 이미지를 기독교식으로 바꿔 표현하면 다음과 같다. 누군가가 저 너머에 있는 세계로부터 이 그림자 세계 안으로 들어와, 우리에게 저 너머에 있는 세계를 알려주고, 우리를 빛과 아름다움 속으로 인도해주어야 한다. 아름다움을 찾는 우리의 욕구는 그림자와 연기만이 가득한 동굴 너머에 있는 진짜 세계로 돌아가고 싶어하는 본능이다.

때문에 루이스는 인간의 영원한 "아름다움의 추구"가 사실은 아름다움의 **근원**을 추구하는 것이며, 이 세상에 있는 것들은 그저 이 아름다움을 전해주는 통로일 뿐이라고 주장했다. 아름다움은 이 세상에 있는 것들 안에 있지도 않고, 이 세상에 있는 것들을 가리키지도 않는다. "아름다움이 존재한다고 생각하는 책이나 음악은, 우리가 그것들을 신뢰할 경우, 우리를 배신해버린다. 아름다움은 그것들 **안에** 있지 않고, 단지 그것들을 **통하여** 올 뿐이며, 그것들을 통해 오는 것이 갈망이었다."[17] 루이스에 따르면 욕구, 무언가를 갈망하는 의식이 지금도 우리와 함께 있지만, "지금도 이런 욕구나 갈망은 대상을 확실히 찾지 못한 채 방황하고 있다." 이 욕구는 "지금 우리가 단절되어 있다고 느끼는 어떤 것, 우리를 늘 그 밖에 있는 이로 보이게 하는 어떤 문의 안쪽에 존재하는 것과 다시 결합하고 싶어하는

갈망"이다.[18]

　그렇다면 우리는 진정 어디에 속해 있는가? 우리 고향은 어디인가? 루이스는 유한하거나 창조된 것은 우리 마음의 욕구를 결코 만족시킬 수 없다고 주장한다. 우리가 진정한 만족과 기쁨을 발견할 수 있는 또 다른 세계로 우리를 들어가게 해줄 문이 열려야 한다. **그렇다고 이 세계를 떠나야만 그 문을 통과할 수 있는 것은 아니다.** 우리는 인간으로서 우리가 아는 세계와 우리가 모르는 세계 사이의 긴장 속에서 살아간다. 기독교의 내러티브는 우리의 이런 상황을 들여다볼 수 있는 여러 시각을 제공해준다. 기독교가 제시하는 내러티브 덕분에 우리는 자신이 이 땅에서 떠도는 나그네이지만 저 하늘로 돌아가기를 고대한다는 것을 깨닫는다. 이 기독교 내러티브는 우리가 이집트에 잡혀 있지만 젖과 꿀이 흐르는, 하나님이 약속하신 그 땅으로 들어가길 기다리는 사람들임을 깨닫게 해준다.

　우리 몸은 이곳에 있으나, 우리 마음은 우리가 진정 속해 있다고 믿는 저곳에 살고 있다. "낙원이 우리 고향이다"(카르타고의 키프리아누스, 200-253). 따라서 우리는 또 다른 세계로 돌아가려는 본능을 갖고 있다. 또는 르네상스 시대 시인인 프랜시스 퀄스(Francis Quarles, 1592-1644)의 글에서 발견한 이미지를 사용하여 표현한다면, 우리 영혼은 하나님이라는 자기극(magnetic pole)에 끌려가는 철침과 같다. 우리는 여기 땅 위에서 살지만, 우리 생각과 행동을 만들어내는 것은 낙원의 아름다움과 기쁨과 소망이다. 복음은 어떤 이야기가 빚어낸 세계를 펼쳐 보인다. 복음 안의 세계는 우리가 경험하는 수수께끼들을 설명해주는 동시에, 미래를 향한 소망도 제공해준다.

하지만 미래를 내다보는 우리의 소망은, 현재 상황에 관한 우리의 이해와 연결되어 있다. 이 책을 맺으면서 우리는 기독교 신앙이 우리의 정체성과 목적과 가치를 이해하는 새 길을 활짝 열어줌으로써, 우리를 어떻게 변화시키는지 더 성찰해볼 것이다.

13장
의미에 놀라다

프랑스의 철학자 블레즈 파스칼은 삶의 의미를 깊이 생각해본 많은 이들 가운데 하나다. 삶은 그저 짧고 무의미한 사건일 뿐일까?

> 내 인생이 지속되는 짧은 시간, 그 전후(前後)를 두르는 영원에 의해 집어삼켜진 이 짧은 시간을 생각할 때면, 내가 전혀 알 수 없고 그 역시 나를 알지 못하는 무한하고 거대한 공간이 지금 내가 채우고 있는 이 지극히 미미한 공간을 집어삼키는 것을 생각할 때면, 나는 내가 저곳이 아니라 바로 이곳에 있다는 사실에 놀라고 경외감을 느끼지 않을 수 없다. 내가 그곳이 아니라 여기에, 그때가 아니라 지금 있어야 할 이유가 없기 때문이다. 누가 나를 여기에 놓아두었을까? 누구의 명령과 인도함이 내게 이 장소와 이 시간을 부여해주었을까?[1]

파스칼은 그가 우주의 거대한 역사 속에서 "지극히 미미한 공간"을 차지하고 있는 것이 우연히 이루어지고 아무 의미도 없는 일일까 싶어 두렵다고 이야기하고 있다. 그는 이런 일들을 어떻게 이해할 수 있었을까?

실재는 여러 가지로 다양하게 해석될 수 있다. 사물을 바라보는 시각에는 서로 다른 여러 시각이 있으며, 이런 시각들은 우리 실존에서 상당히 다른 결과를 낳는다. 어떤 결과는 심히 우리를 당황스럽게 하고, 또 어떤 결과는 우리를 흥분시키며, 또 다른 결과는 우리를 위로한다. 이 점을 알아보려면, 밤하늘을 살펴보면 된다. 춥고 캄캄한 밤에 밖에 나가 밤하늘을 우러러본다고 상상해보라. 여러분 위에는 검은 벨벳 같은 하늘이 드리워져 있고 거기에는 점점이 빛들이 박혀서 반짝거린다. 많은 사람들이 밤하늘의 엄숙한 고요함에 압도당함을 느꼈다. 그러면 이 밤하늘은 우리에게 무엇을 말해주는가?

바로 이 문제가 내가 혼자 자주 곱씹어본 문제다. 아홉 살이나 열 살 때쯤, 혼자서 나는 겨우겨우 조그만 망원경을 만들어내어, 이 망원경으로 목성의 위성들과 은하수를 관찰한 적이 있었다. 자주 나는 광대한 우주 공간을 관찰하면서 차가운 겨울밤들을 보냈다. 그럴 때면 나는 자신이 이 모든 곳 중 어느 곳에 속해 있는지 궁금했다. 밤하늘에서 가장 밝은 성운 가운데 하나, 이제는 지구로부터 가장 가까운 은하 가운데 하나로 알려져 있는 안드로메다은하에 속한 M31을 관찰한 일이 기억난다. 내 조그만 망원경으로도 어느 정도는 그 성운의 아름다움을 볼 수 있었다. 하지만 그 아름다움에는 우울함이 섞여 있었다. 나는 그 별들이 200만 광년도 더 떨어진 곳에 있음을 알고 있었다. 지금 이 순간 저 은하를 떠난 빛은 앞으로 200만 년이 흘러도 지구에 도착하지 않을 것이다. 그때쯤이면 나는 이미 오래전에 이 세상을 떠났을 것이다. 이렇게 밤하늘은 내게 우주가 광대하다는 것과 인간이 하잘 것 없는 존재임을 일러주는 것 같았다.

요 근래 세포생물학자로서 자연 질서가 가진 더 심오한 의미를 탐구하는 데 관심을 가진 우르술라 굿인어프(Ursula Goodenough, 1943-)도 나와 똑같은 생각을 표현했다. 그녀의 표현에는 내 것보다 훨씬 더 분명하고 깊은 성찰이 담겨 있지만 말이다. 굿인어프는 우주가 무의미하다는 것이 너무 당황스러워 결국 우주를 놓고 생각하는 일을 그만두기로 결심했었다고 말한다. "우리 태양도 죽어 없어질 것이다. 그렇게 뜨거운 열을 발산하며 죽어 없어지는 동안에 지구를 바삭바삭하게 튀겨버릴 것이며, 그 조각들을 차가운 무(無)만 있는 구부러진 시공간 속으로 토해낼 것이다."[2] 굿인어프는 우주가 지닌 더 심오한 의미를 생각할 때마다 "냉혹한 공허"에 압도당하는 자신을 발견했다. "밤하늘은 파괴되었다. 나는 이제 밤하늘을 다시 볼 수 없을 것이다." 결국 그녀는 이런 일들을 생각하지 않기로 마음먹었다. 굿인어프는 자신에게 찾거나 발견할 의미가 존재하지 않는다고 말해줌으로써 "이 모든 것이 분명히 무의미해 보인다는 것"을 이

겨내기로 마음먹었다. 이전에 스티븐 와인버그가 말했듯이, "우주란 이해할 수 있는 것처럼 보이는 것이 많아지면 많아질수록, 무의미해 보이는 것들도 더욱더 많아진다." 정보는 있지만, 그 정보가 어떤 패턴을 만들어내지는 않는다. 들어맞아 보이는 것들이 아무것도 없다. 큰 그림도 전혀 없다.

이 괴로운 깨달음을 다루는 고전적 방법이 바로 스토아학파가 말하는 무관심이다. 우리는 우주의 무의미함을 딛고 일어서서 우리 자신의 인격을 세워가는 일에 집중해야 한다. 우리는 세계를 향해 응답함으로써 우리 자신의 문제들을 만들어내야 한다. 지혜로운 사람은 현실에 지극히 무관심한 채 마음을 두지 않는 자세를 기르면서, 개인의 인격과 합리성을 형성하는 데 집중한다.[3] 지혜로운 사람은 무의미한 우주를 이해하려고 애쓰기보다 의미 있고 가치 있는 그 자신만의 합리적 우주를 건설한다. 따라서 인격 계발은 개인이 무의미한 세계에 맞서 의미를 만들어낼 수 있는 능력을 가졌음을 긍정하는 것이다. 많은 사람들은 우리가 우리 자신만의 의미 세계를 건설하고, 생각과 가치들을 결합하여 의미를 가진 패치워크 퀼트(patchwork quilt)를 만들어내되 우리 자신의 필요와 관심사에 맞게 가공하여 만들어내야 한다고 주장한다.

하지만 또 다른 각도에서 사물들을 바라보는 방법으로서 문명의 여명기로 거슬러 올라가는 방법이 있다. 새로운 무신론은 실재의 표면만 수박 겉핥기로 살펴보지만, 지혜로운 이들은 더 깊이 들어가 살펴보는 쪽을 택한다. 우리는 자연을 겉만 읽어보는 것으로 만족하고 쉴 수 없다. 우리는 더 깊이 그리고 더 심오한 곳으로 들어가야 한다. 바로 여기서 지혜로운 사람들은 만물의 질서 깊숙한 곳에 자리해 있다고 이해되는 의미를 찾아낼 수 있다. 그 의미는 굳이 구성하거나 발명해낼 필요가 없다. 의미는 이미 존재한다. 영국의 철학자요 저술가인 아이리스 머독은 "인간의 생각이 무언가를 진정시키고 전체를 만들어내는 경향"을 가졌다고 말한다. 여기서 머독이 의미하는 것은 "큰 그림" 또는 "커다란 내러티브"가, 실재를 바라보는 우리 시각을 통합하는 능력을 가졌다는 것이다.

머독이 옳다. 우리가 삶과 관련하여 찾는 것은 무한히 덧붙일 수 있는 사실들이 아니라, 삶의 의미다. 마치 부지런한 우표 수집가가 새 우표들을 앨범에 붙이듯이, 새로운 정보 사항들을 우리 마음속 공책에 덧붙이는 것은 쉽다. 그렇다면 이런 작업은 어떤 목적에 기여하는가? 앞서 우리는 시인인 에드나 세인트 빈센트 밀리가, 하늘로부터 "사실들이라는 유성우"가 비 오듯 쏟아지지만 이 사실들이 "아무런 질문도 받지 않고 짜임새도 전혀 없이" 땅 위에 놓여 있다고 말한 것을 언급했다. 보통 우리는 밥 먹듯이 하는 인터넷 검색이 알려준 정보에 파묻혀 있다. 그렇다면 이 정보는 어떤 더 큰 그림을 드러내주는가? 우리가 점(點)들을 통합하면 무슨 일이 일어나는가? 우리가 실톱으로 잘라낸 조각들을 다 모으면 과연 어떤 그림이 존재하는가? 아니면 그것들은 단순히 서로 아무 연관이 없는 정보

조각들 모음에 불과한가?

망원경의 우수성을 판단하는 척도 중에는 그 망원경이 멀리 있는 사물들을 얼마나 선명하게 보여주는가도 들어 있다. 마찬가지로 어떤 세계관을 평가하는 기준은, 그 세계관이 드넓게 펼쳐져 있는 실재를 얼마나 잘 설명해주고 만물을 얼마나 예리하게 조명해주는가이다. 기독교 신앙 덕분에 우리는 사물들을 이해할 수 있다. 다른 사람이라면 오로지 소음만 듣는 곳에서 우리는 화음을 듣는다. 또한 무질서와 혼돈만 보이는 곳에서 우리는 패턴을 볼 수 있다. 이전에는 얼룩덜룩 더러워져 있고 흐릿하던 이미지를 갑자기 분명하고 또렷하게 볼 수 있게 된 것이다.

바로 이것이 이 책에서 줄기차게 탐구해온 시각이다. 기독교 신앙은 만물의 질서 속에 깊이 뿌리를 내리고 있으면서, 결국에는 하나님의 성품에서 유래하고 그 성품을 표현하는 의미의 틀을 제공해준다. 실제로 세계는 아무 의미도 목적도 없는 것처럼 **보일** 수 있다. 하지만 사물들을 제대로 볼 수 있으려면 어떤 렌즈 혹은 개념의 틀이 필요하다. 세계는 무의미하게 보일 수도 있다. 그러나 그렇게 보이는 이유는 우리가 올바른 시각으로 세계를 보지 않기 때문이다. 만일 세계가 소망이 없을 정도로 초점이 없고 체계가 없어 보인다면, 그 이유는 우리가 아직 세계의 초점이 무엇인지 일러주고 겉보기에 서로 연관 없어 보이는 실들을 함께 엮어 의미 있는 태피스트리로 만들어줄 열쇠를 찾지 못했기 때문이다. 기독교는 실재라는 어두운 땅을 밝게 비춰주고, 우리가 세계를 관찰한 결과들의 초점이 무엇인지 정확하게 일러주며, 우리의 경험이라는 실들을 어떤 패턴으로 엮어줄 의미 체계를 제공한다. 앞서도 언급했지만, C. S. 루이스는 이를 다음과 같이 섬세하게 조율된 언어

<blockquote>
"내가 해가 떴다고 믿는 것은 해를 보고 있기 때문이 아니라 뜬 해 덕분에 다른 모든 것을 보고 있기 때문이다. 내가 기독교를 믿는 것도 그와 같다."

_C. S. 루이스
</blockquote>

로 요약했다. "내가 해가 떴다고 믿는 것은 해를 보고 있기 때문이 아니라, 뜬 해 덕분에 다른 모든 것을 보고 있기 때문이다. 내가 기독교를 믿는 것도 그와 같다."[4]

그러나 이런 의미 체계는, 가능한 모든 선택을 최선을 다해 분석한 뒤에 우리 힘으로 겨우겨우 밝혀낼 수 있는 것이 아니다. 우리가 찾는 의미는 우리에게 **드러나** 있다. 말하자면 우리는 "의미에 놀란다." "계시"라는 기독교의 전통적 언어는, 모든 인간이 찾고 있지만 여전히 이해하기가 어렵고 신비스러운 의미가 이미 우리에게 제시되었음을 강조한다. 일단 누군가가 우리에게 사물들을 이해할 길을 제시한다면, 그 길은 명확해 보인다. 그러나 우리가 자신의 힘으로 그 길에 도달하기는 불가능했다. 토머스 헉슬리는 다윈이 쓴 『종의 기원』을 읽고 난 뒤 이런 말을 했다고 한다. "내가 이런 생각도 못했다니, 나는 멍청이야!" 일단 답이 제시되었기에, 그에게 이전에 관찰했던 것의 의미가 드러났던 것이다. **그러나 헉슬리는 답을 자**

신의 힘으로는 찾아낼 수 없었다. 누군가가 만물이 어떻게 함께 엮어지고 서로 연결되는지를 일러주어야 했다. 기독교 신앙은 하나님이라는 존재를 이야기한다. 하나님은 역사를 이해할 열쇠를 가진 분이요, 그 열쇠를 우리에게 맡기심으로 우리가 문을 열고 들어가 만물의 참된 의미를 발견할 수 있게 해주는 분이다.

그렇다면 우리는 지금 어떤 종류의 의미를 이야기하고 있는가? 사회심리학자인 로이 바우마이스터(Roy F. Baumeister, 1953-)는 근래 삶의 의미를 다룬 이론들에 관하여 의미 있는 분석 결과를 내놓았다. 이 분석에서 그는 인간의 의미 탐구가 만족을 얻으려면, 그 이전에 우선 어떤 테마들을 다루고 탐구해야 하는지 밝혔다.[5] 그는 어떤 사고방식을 "삶의 의미"로 여길 수 있으려면, 그전에 먼저 다음과 같은 네 가지 근본 문제들에 대해 설득력 있는 대답을 제시해야 한다고 주장했다.

1. **정체성**(Identity)의 문제: 나는 누구인가?
2. **가치**(Value)의 문제: 나는 중요한가?
3. **목적**(Purpose)의 문제: 나는 왜 여기 있는가?
4. **작용**(Agency)의 문제: 나는 영향을 미칠 수 있는가?

이 질문들은 경험으로 대답할 수 있는 문제, 곧 자연과학이 대답할 수 있는 문제가 아니다. 이미 앞에서 보았듯, 이 문제들은 자연과학의 지적 지평과 방법론의 경계선을 넘어간다. 하지만 이런 질문에 답하지 않고서는 우리는 살아갈 수가 없다.

예를 들어 정의의 문제를 생각해보자. 이 문제는 복잡하고 분열된 오늘날 세계의 많은 사람들이 열렬하게 관심을 기울이는 문제다. 하지만 정의는 우리가 세계로부터 "읽어낼" 수 있는 것이 아니다. 사실 정의의 근거를 자연에서 찾으려 하는 근래의 시도들은 때때로 다윈이 천명했던 "적자생존" 개념을 변호하는 것으로 끝나고 만다.[6] 적자생존이 정의라면 과부들과 고아들은 어찌하란 말인가? 힘이 없고 약한 자들은 어찌하란 말인가? 미국의 정치철학자 마이클 샌델(Michael J. Sandel, 1953-)은 예리하게 정의의 본질을 파헤친 저서로 사람들에게 갈채를 받은 바 있다. 그 책에서 저자는 어떤 정의 개념도, 선한 삶이 무엇인가를 놓고 다투는 개념들—다시 말해 인간의 본질과 가치와 목적에 관한 믿음들의 결합체—에 의존한다고 주장한다. 하버드 대학교 정치학 교수인 샌델에 따르면, 합리주의 진영에서는 이성이 이런 정의의 문제에 답할 수 있다고 주장하지만, 결국 증명될 수 없는 믿음에 의지하지 않고는 이런 문제에 의미 있는 대답을 내놓기가 불가능하다는 것이 험난한 현실을 통해 드러났다.[7]

정의의 기초를 순수이성에서 발견할 수 있다는 계몽주의의 꿈은 무너지고 말았다. 요새 전문 역사가들 사이에서는 계몽주의가 너무 다양하여, 이 계몽주의란 것을 단일 운동으로 이야기하는 것은 사실상 불가능하다는 견해가 점점 공감을 얻어가고 있다. 어쩌면 이것이야말로 합리주의자들이 내놓는 현실에 대한 설명들, 다시 말해 새로운 무신론자들도 선호하는 설명들의 입장에서 보면 더 당혹스러울지도 모르겠다. 우리는 인간의 "합리성"(rationality)이 아니라, "여러 개의 합리성"(rationalities)을 놓고 이야기해야 한다.[8] 계몽주의는 합리성을 추구한 여러 우주들(a rational multiverse)임이 드러난다. 그 안에는 인간 이성의 본질과 범위를 놓고 서로 대립하는 다양한 설명들이 존재한다. 바로 이런 이유 때문에 많은 이들은, 계몽주의가 이론으로도 변호할 수 없고 실제 행동으로도 행할 수 없음이 드러난 합리성과 도덕에 관한 이론들을 제시했다고 주장한다.[9] 새로운 무신론은 이성과 도덕성을 내세워 자신의 사상을 변호하고 유신론자들의 주장을 비판하지만, 우리는 새로운 무신론을 향해서 그들이 말하는 이성과 도덕이 무엇인지 분명히 밝혀보라고 얼마든지 요구할 수 있다. 그대들이 말하는 합리성은 대체 무엇인가? 그대들이 말하는 도덕은 대체 무엇인가?[10]

샌델이 올바로 지적하듯이, 공공 이성(public reason)은 중립적 개념이 아니다. 공공 이성을 만들어내는 것은 선(善)을 논하는 이론이다. 따라서 세속의 합리주의는 정의의 적절한 기초를 제공하지도 않고 **제공할 수도 없다.** 샌델은 세속의 자유주의는 속이 텅 비고 얄팍한 세계관을 대변하며, 이런 자유주의는 고작해야 다른 사람을 해치지 않는 한 자신이 원하는 것을 마음대로 할 수 있는 시민의 권리를 옹호하는 쪽으로 귀결될 뿐이라고 주장한다.[11] 그러나 진짜 정의는 가치와 이상을 이야기한다. 세속주의는 종종 자신이 윤리와 사회 문제들을 "중립적" 시각에서 다루는 접근법을 제공하여, 모든 사람이 그들의 신앙과 관계없이 공공 마당에서 벌어지는 토론에 참여할 수 있게 해준다고 주장한다. 하지만 샌델은 이런 주장이 말도 안 된다고 말했다. 세속주의는 다른 사람들의 도덕적 이상을 부인하고 배척하고 억누르면서, 정작 그 자신은 중립이라는 신화를 고수하고 있다.

샌델의 분석은 행위자들과 행위에 가치와 명예를 부여해주는 삶의 의미에 관한 이론들이 중요함을 부각시켜준다. 우리는 "중립인" 공공 영역이 있다고 말할 수가 없다. 삶의 모든 영역의 형태를 결정하는 것은 삶의 의미와 연관된 이론들인 것이다. 기독교 신앙도 이런 이론 중에 포함된다. 기독교는 사물을 설명해주는 차원을 넘어 더 많은 것을 행한다. 기독교는 의미와 가치도 제공한다. 그렇다면 기독교가 제시하는 "큰 그림"은 이런 근본 문제들을 어떻게 다루는가? 아래에서는 앞서 언급되었던 네 질문들을 하나씩 다루어보겠다.

1. 정체성: 나는 누구인가?

인간의 정체성을 정의하기는 아주 쉽다. 우리는 우리 자신을 유전자의 조직으로, 사회에서 차지하는 위치로, 그외 셀 수 없이 많은 다른 사회적 변수들로 정의한다. 우리는 우리가 속한 인종, 국적, 몸무게, 성(性)으로도 정의될 수 있다. 하지만 많은 경우 정체성은 단순히 우리가 우연히 속하게 된 범주들 정도로 치부된다. 과학 시대가 우리에게 안겨준 저주 덕분에, 인간은 다만 유전자 유형과 사회적 유형 정도로 전락해버린 것이다. 이제 개인의 정체성은 인격과 아무 상관없는 유전자 암호와 관련된 문제가 되어버렸다.

그리하여 인격을 무시한 정체성 정의에 강력히 저항하는 움직임이 일어나게 되었다. 유대인 철학자인 마르틴 부버(Martin Buber, 1878-1965)는 인간을 순수하게 과학으로 설명하면 결국 인간을 객체로—즉 "너"가 아니라 "그것"으로—떨어뜨린다고 주장했다. 부버는 인간의 정체성을 이루는 본질을 관계 속에 존재할 수 있는 능력이라고 보았다. 우리를 정의해주는 것은 화학 구성이나 유전자 구성이 아니라, 우리의 사회적이고 인격적인 관계다.[12] 정체성은 주어진 것이지, 우리가 얻는 게 아니다. 나는 내 자녀로 말미암아 아버지라는 내 정체성을 부여받았다. 은혜로 말미암아 나를 택하여 나와 사귐을 가지시고 이런 식으로 나를 존중해주신 하나님이 내게 의미 있는 사람이라는 정체성을 부여해주셨다.

이것이 개인의 정체성과 의미를 바라보는 기독교적 시각의 중심 요소다. 자주 "영혼"이라는 말이 인간의 정체성을 이루는 불멸의 요소로 오해되곤 하지만, 성경에 비춰보면 "인간과 하나님이 연결되어 있음을 전제로 인간의 본질을 가리키는 말"로 보는 것이 더 합당하다. 우리는 우리의 참된 정체성을 우리와 하나님의 관계 속에서 발견한다. 하나님은 우리를 아시고 우리에게 우리의 정체성과 의미를 부여하신다. 바로 이것이 정말로 중요한 점이다. 우리 자신을 정의하는 것은 우리가 아니다. 우리는 다른 존재, 곧 우리에게 우리의 정체성과 의미를 부여하시고 이런 것들을 지켜주시는 분에 의해 정의된다. 우리의 정체성은 우리 몸의 일부도 아니요, 우리 몸이 지켜주는 것도 아니다. 우리에게 정체성을 부여하고 이를 보장해주시는 분은 우리를 지켜보시고 기억해주시는 하나님이시다.

히포의 아우구스티누스는 397년부터 398년 사이에 쓴 『고백록』에서 이 점을 강조했다. 이 주목할 만한 작품에서 큰 비중을 차지하는 것은 사람의 정체성과 의미라는 문제다. 아우구스티누스는 인간의 운명과 정체성이 우리를 지으신 분이요 구속해주신 하나님과 연결되어 있다고 본다. 이런 사상은 다음과 같은 아우구스티누스의 유명한 기도에서도 그대로 나타난다. "당신은 우리로 당신을 찾게 만드셨습니다. 그러므로 우리 마음은 당신 안에서 쉼을 찾을 때까지 쉴 수 없습니다."[13] 여기에서 인간의 정체성은, 하나님이 일정한 의도를 갖고 우리를 만드시고 이어서 우리가 하나님과 관계를 맺게 하시며 결국 하나님 안에서 "쉼을 발견하게 하신다"는 것과 연계된다. 이는 강력한 선언으로서 회복과 고향으로 돌아감을 이야기하는 내러티브를 시사한다. 우리는 하나님과 관계를 맺고 그 관계 안에 존재할 때에만 비로소 완전한 인간이다. 이것이 기독교가 인간의 정체성에 관하여 갖고 있는 이해의 핵심 요소다.

이것은 중요한 점이다. 많은 사람들은 정치 시스템과 사회 시스템이 우리로 우리의 참된 인간성을 실현할 수 있게 해주어야 한다는 데 동의한다. 하지만 세속의 인본주의는 종교가 인간의 정체성을 억압한다고 주장하면서, 종교를 억눌러야 인간 해방이 이루어진다는 결론을 내린다. 하지만 세속의 인본주의는 인간의 정체성을 이야기하는 내러티브가 셀 수 없이 다양하다는 불편한 사실을 무시하는 것 같다. 인본주의가 내건 이론은 그저 많은 내러티브 가운데 하나일 뿐이다. 따라서 이런 인본주의에게는 유별난 특권이나 우선권을 주장할 권리가 없다. 많은 사람들이, 우리는 오로지 하나님과 관계를 맺고 사귐을 가질 때 우리의 참된 정체성을 얻고 완성한다고 주장한다. 이런 식으로 인간의 정체성을 이해하는 시각 역시, 공적 영역에서 이것을 이야기하고 표현하며 행동으로 나타낼 권리를 가진다.

2. 가치: 나는 중요한가?

시편 8편은 구약성경에서 가장 심오한 글 가운데 하나다. 이 말씀은 자연계에서 인간이 자리한 위치를 곱씹어보는 형태를 띠고 있다. 시편 기자는 거대한 밤하늘을 깊이 생각해본 다음, 이 거대한 우주 안에서 인간이 자리한 위치를 깊이 묵상해본다.

> 주의 손가락으로 만드신 주의 하늘과 주께서 베풀어두신 달과 별들을
> 내가 보오니,
> 사람이 무엇이기에 주께서 그를 생각하시며 인자가 무엇이기에 주께
> 서 그를 돌보시나이까.
> 그를 하나님보다 조금 못하게 하시고 영화와 존귀로 관을 씌우셨나이
> 다(시 8:3-5, 개역개정판).

이 본문은 인간을 하나님과 들판의 짐승들 사이의 위치에 놓으면
서, 하나님이 지으셨다는 연고로 이 인간에게 영예를 부여한다. 이
시에 따르면 하나님이 사람을 돌보신다는 사실은 논리적으로 분석
될 문제가 아니라 찬양할 주제다. 하나님이 각 사람을 돌보심을 깨
닫는 것은, 우리가 이런 사실을 신학적으로 성찰하기 전에 이미 이
루어진다.

구약성경은 내내 하나님이 인간을 돌보신다고 강조한다. 하나
님은 우리 목자시다. 그분은 심지어 "사망의 음침한 골짜기에서도"
우리와 동행하시고 도우시며 지켜주신다(시 23편). 여기에 신약성경
은 새로운 차원을 더하여, 우리 인간을 향한 하나님의 사랑과, 이런
하나님의 헌신과 긍휼을 우리가 볼 수 있게 확증해주신 예수 그리
스도의 죽음을 서로 연결함으로써 하나님의 사랑을 재차 강조한다.

바울은 이런 하나님의 헌신을 몇 가지 점으로 나누어 이야기하고 있다. "이제 내가 육체 가운데 사는 것은 나를 사랑하사 나를 위하여 자기 자신을 버리신 하나님의 아들을 믿는 믿음 안에서 사는 것이라"(갈 2:20, 개역개정판). 그리스도의 죽음은 생물학 차원의 사건 혹은 심지어 사법 차원의 사건으로 볼 일이 아니다. 이 사건은 하나님이 우리 인간에게 헌신하심을 보여주신 증표요, 하나님이 인간과 굳게 결합해 계심을 실증하신 사건으로 해석될 수 있다.

따라서 우리의 가치는 우리가 이룬 업적에 따라 매겨지지도 않고 그런 업적을 고려하지도 않는다. 도리어 우리의 가치는 하나님이 우리를 존중하며 지지해주신다는 사실에 있다. 하나님은 우리의 "든든한 기초"이시다(존 보울비*). 이는 부모가 자녀에게 필요한 조건 없는 사랑과 지지를 제공하여 이 자녀가 성장하고 실수로부터 배우게 하는 것과 마찬가지다. 이런 "든든한 기초"는 개인이 성장하고 성숙해갈 수 있는 지반을 제공하며, 부닥쳐오는 도전과 난관들을 헤쳐나갈 수 있게 해준다. 성경은 하나님 또는 기독교 신앙을 "반석"이라는 이미지로 표현한다. 요동하는 모래가 아니라 반석 위에 집을 세운 사람 비유에서 말하는 이미지가 바로 그런 예다(마 7:24-27). 이런 이미지는 안전과 안정이라는 개념을 우리가 쉽게 알아들을 수

---

* John Bowlby, 1907-1990. 영국의 심리학자로, 부모와 자녀의 감정적 의존을 연구한 애착 이론(attachment theory)을 만들어냈다.

있도록 표현한다. 우리는 가치를 가진 존재다. 하나님이 우리에게 가치를 부여하시고 우리를 받아들이사, 우리가 삶에 다가온 도전들을 헤쳐나갈 수 있게 해주시기 때문이다.

하나님이 "만져주시면" 그 인간의 삶에 대한 "평가가 바뀌게 된다." 이것은 조지 허버트[*]가 쓴 시에서 줄기차게 발견되는 주제이기도 하다. 어떤 시에서 허버트는 하나님이 은혜로 "만져주심"을, 중세 연금술 이야기에 나오는 "철학자의 돌"에 비유한다. 당시 사람들이 철학자의 돌이 싸구려 금속을 금으로 바꿔준다고 믿었듯이, 하나님은 은혜를 통해 개인의 가치를 바꿔놓으실 수 있다.

> 이것이 그 유명한 돌이니,
>
> 이 돌은 모든 것을 금으로 바꾼다네.
>
> 하나님이 정녕 만져주시고 소유하셨으니,
>
> 비천하다 말할 수 없네.[14]

중세 저술가인 노리치의 줄리안[**]이 남긴 유명한 말대로, 그리스도의 사랑이 우리를 감싸 안는다. 이 사랑은 우리에게 새로운 안전과 정체성과 가치를 제공한다. 일단 그리스도가 우리를 감싸 안아주시

* George Herbert, 1593-1633. 웨일즈의 시인으로 잉글랜드 성공회 사제다.
** Julian of Norwich, 1342-1416. 영국의 여성 수도사이자 신비주의자다.

는 것을 보면, 우리는 우리 자신을 새로운 각도에서, 즉 귀히 여김을 받고 환대받고, 사랑받는 존재로 생각하게 된다.

3. 목적: 나는 왜 여기 있는가?

목적은 진지하고 의미 있는 삶에서 중심이 된다.[15] 진화론을 생각할 때 무신론에 근거한 해석들이 시사하는 당혹스러운 것들 가운데 하나는, 우리가 우연히 여기 있게 되었다는 주장, 우리가 우주에서 무관심하게 우연히 일어난 사건의 산물이라는 주장이다. 그러나 강조하고 싶은 것은, 진화론 쪽의 생물학을 따른다 하여 꼭 이런 결론을 내려야 한다는 법은 없다는 것이다. 이런 결론은 진화생물학이 주장하는 기본 테마와, 공격적이고 교조주의 색채를 띤 무신론이 결합하여 만들어낸 결과물이다. 하지만 이것은 심지어 무신론을 믿는다고 고백하는 많은 사람들에게도 사상누각(砂上樓閣) 같은 생각이다. 물론 일부 사람들은 이 생각이 지닌 형이상학적 엄격함이, 그것이 진리임을 일러주는 징표라고 주장한다. 나도 무신론자였을 당시 이렇게 무자비하고 냉혹한 사상을 믿었는데, 이것을 믿는 것이야말로 지식인의 용기와 완전무결함을 보여주는 간판이라고 생각하면서 자부심을 가졌다.

하지만 냉혹함은 진리를 나타내는 징표가 아니다. 우리는 모든 사람이 우리를 잡으려고 달려들기 때문에 이 삶은 무의미하고 말 그대로 위험하다고 믿을지도 모르겠다. 하지만 이런 결론이 나오는 이유는, 상황이 실제로 그러하기 때문이 아니라, 우리가 세계를 삐뚤어진 시각으로 해석하기 때문일 수도 있다. 이 문제에 대한 기독교의 대답은, 하나님이 예수 그리스도의 삶과 죽음과 부활을 통해 몸소 인류 역사 속으로 들어오심으로써 우리가 하나님과 사귐을 가질 수 있게 해주시고, 궁극에는 우리가 새 예루살렘에서 하나님과 함께할 수 있게 해주셨다는 열렬한 믿음에 근거한다. 성경과 기독교 전통에 따르면, 하나님은 우리 마음의 참된 소망이요, 우리가 이르고자 하는 목표이며, 우리의 지극히 깊은 열망을 이뤄주시는 분이다. "웨스트민스터 신앙고백 소요리문답"(1648)에 따르면, 인간 실존의 "주된 목적"은 "하나님을 영원히 기뻐하고 그분께 영광을 돌리는 것"이다. 이처럼 하나님은 우리가 삶의 의미에 관하여 우리 자신에게 던지는 심오한 질문들에 풍부하고 깊은 만족을 안겨주는 답을 제공해주신다.

여행이라는 이미지는 삶의 목적을 묻는 커다란 질문들의 윤곽을 그려보는 데 도움을 준다. 어떤 사람들은 삶을 아무 계획도 없고 의미도 없는 방랑 과정으로 본다. 우리는 이렇게 방랑하면서, 설령 존재한다 해도 요리조리 우리를 피하기만 하는 목적이라는 것을 끝없이 찾아 헤맨다. 하지만 기독교 전통은 이 여행이 목표 지점, 종착점을 갖고 있다고 본다. 우리는 참된 종착지가 자리한 새 예루살렘을 향하여 가고 있기 때문에 목적을 갖고 걸어가는 것이다. 신약성경은 우리가 "천국 시민"으로서 그곳에 거주할 권리를 가진 사람들이라고 말한다. 우리는 비록 이 땅에서 유랑하고 있지만, 우리의 진짜 고향은 하늘에 있다. 하나님은 우리 목자이시다. 그분은 우리가 고향으로 가는 동안 우리를 이끄시고 인도하시며 동행해주신다.

이 여행은 우리가 삶의 목적을 서로 다른 두 시각에서 살펴볼 수 있게 도와준다. 첫째, 여행이라는 이미지는 삶이 단지 삶으로부터 죽음을 향해 나아가는 어떤 방향을 가리키는 개념 이상을 담고 있음을 강조한다. 여행에는 목적지가 있고 목적이 있다. 여기서 강조되는 것은, 하나님과 함께 있는 것이 인간의 모든 욕구와 갈망이 이르고자 하는 정점이라는 것이다. 선하고 아름답고 진실한 모든 것이 하나님을 가리키며 하나님 안에서 완성된다. 둘째, 여행이라는 이미지는 우리가 삶이라는 여정을 가는 동안 도움을 필요로 하는 다른 이들을 도울 수 있다는 것을 우리에게 일깨워준다. 하나님께 가서 그분 안에서 쉼을 찾는 것이야말로 이 여행의 정점이다. 하지만 우리는 이 여행 과정 자체를 겪으면서 지혜와 통찰이 자라게 되고, 우리와 함께 여행하는 다른 여행자들을 섬기게 된다.

4. 작용: 나는 영향을 미칠 수 있는가?

마지막으로 살펴볼 질문은, 그 중요성에도 불구하고 많은 사람들이 간과하는 물음이다. 바로 그것은 "나는 영향을 미칠 수 있는가?" 바꿔 말하면, "나는 중요하지도 않고 힘도 없어서 차라리 여기에 없는 것이 나은 존재인가?"라는 질문이다. 많은 사람들은 사물을 바꿔놓을 수 있는 능력을 그들이 의미와 목적을 찾는 일의 본질로 여긴다. 그들은 **"만일 내가 변화를 일으키지 못한다면 차라리 여기에 없는 것이 낫다"**라고 생각한다. 이 문제는 능력을 가졌는가에 관한 문제인 것이다. 우리는 상황을 바꿔놓는 데 필요한 것을 가졌는가? 다시 말해 이 일은 우리가 능력이 있어야 할 수 있는 일인가?

기독교 시각에서 볼 때, 인간의 본질은 죄로 말미암아 손상되었고 상처를 입었다. 때문에 외부의 도움이 없으면 그 잠재력을 완전히 발휘할 수가 없다. 신약성경, 특히 바울 서신이 줄기차게 강조하는 바가 바로 이것이다. 앞서도 언급했듯이, 바울은 덫에 걸렸지만 자신의 한계와 약점이라는 옥에 갇혀 풀려날 수가 없다고 확신했다.[16] 이런 상황에서 무엇을 할 수 있을까? 결국 바울은 자신의 답을 발견했다. "이 사망의 몸에서 누가 나를 건져내랴? 우리 주 예수 그리스도로 말미암아 하나님께 감사하자!"(롬 7:24-25).

이 주제를 특히 발전시킨 이가 히포의 아우구스티누스였다. 그는 인간이 약하고 부서지기 쉬우며 산산조각 나 있다는 문제에 민감했다.[17] 아우구스티누스는 인간이 죄로 말미암아 손상되었으며, 이 상태는 마치 유전병 같아서 한 세대로부터 다음 세대로 전달된다고 보았다. 죄는 인간을 약하게 했으나 인간은 이것을 고칠 수 없다. 그러나 하나님은 그리스도라는 의사를 보내셨다. 그리스도가

"상처를 입음으로 말미암아 우리가 나음을 입었다"(사 53:5). 이처럼 우리는 하나님의 은혜로 나음을 입었으며, 덕분에 우리 마음은 하나님을 인식할 수 있고, 우리 의지는 하나님이 베풀어주신 은혜에 응답할 수 있다.

다시 말하지만, 아우구스티누스는 죄가 우리를 사로잡는 능력과 같으며, 우리 자신의 힘으로는 그 죄의 손아귀에서 벗어날 수 없다고 주장한다. 인간의 자유의지는 죄의 능력에게 포로로 잡혔으며, 오직 은혜만이 이 자유의지를 해방시켜줄 수 있다. 그러기에 그리스도는 해방자요 죄의 능력을 부숴버리는 은혜의 근원으로 볼 수 있다. 거듭 말하지만 죄는 죄책(罪責, 죄에 따라 져야 할 책임) 또는 도덕적 불결함으로서 한 세대로부터 다른 세대로 전달된다. 그러기에 그리스도는 용서와 사함을 가져다주신다. 아우구스티누스는 이런 이미지들을 사용하여 죄로 말미암아 약해지고 헐벗으며 덫에 걸린 인간 본질, 하지만 은혜로 말미암아 고침을 받고 해방을 얻은 인간 본질을 강력하게 묘사한다.

이 테마들과 관련해서는 이것보다 훨씬 더 많은 것을 말할 수 있을 것이다. 신앙의 삶은 인간의 연약함을 인식하는 가운데 하나님이 주신 능력을 힘입어 인간의 열망을 추구하는 것으로 볼 수 있다. 이런 삶은 점검받는(examined) 삶을 표현한다. 이 점검받는 삶에서는 각 사람의 실존이 더 위대한 진리와 더 높은 기준이라는 거울에 비춰 나타난다. 하나님의 은혜라는 개념은 신약성경 속에도 들어 있는 그리스도인의 근본 체험, 곧 하나님은 지극히 어둡고 고독한 실존의 순간에서도 우리를 사랑하고 돌보고 도우시며, 변함없이 신실하게 지켜보시는 분이라는 것을 신학적으로 표현해준다. 이런 신앙의 삶의 핵심은 무엇보다 실재에 관한

기독교 신앙은, 우리 현상을 아무런 변화 없이, 그저 만물에 관하여 더 나은 이해만 소유하는 상태로 내버려두지 않는다. 도리어 기독교 신앙은 우리 상황을 바꿔놓는다.

전제나 이론 안에 존재하는 것이 아니라(물론 이런 전제가 중요한 역할을 하긴 하지만), 오히려 오직 하나님만이 애초에 불완전한 내 존재를 완전하게 해주실 수 있는 유일한 분임을 인식하고 그분을 신뢰하며 그분을 지향하는 태도 안에 존재한다. 이처럼 하나님의 임재는 우리 상황을 단지 밝히 깨우쳐주는 데 그치지 않고 우리 상황을 바꿔버린다.

여기서 지극히 중요한 점은, 기독교가 단지 우리가 "사물을 이해할" 수 있게 해주는 것만이 아니라는 것이다. 지식과 의미(meaning), 정보와 의미(significance) 사이에는 엄청난 틈새가 있다. 기독교 신앙은, 우리 현상을 아무런 변화 없이, 그저 만물에 관하여 더 나은 이해만 소유하는 상태로 내버려두지 않는다. 도리어 기독교 신앙은 우리 상황을 바꿔놓는다. 우리가 우리 자신이 병들거나 갇혀 있음을 깨닫는다면, 기독교 신앙은 우리가 상황을 이해하게 도와줄 수도 있다. 그러나 사물의 진정한 상태를 아는 지식 자체가 변화를 일으키지는 않는다. 우리가 병든 것을 알았다고 그 앎이 우리를 저절

로 낮게 하지는 않는다. 그 앎은 단지 도움을 구하게 하는 조건일 뿐이다. 하지만 도움은 가까이 있다. 아프리카계 미국인들이 예로부터 부른 영가(靈歌)는 그것을 이렇게 표현한다.

길르앗에는 향유가 있네,
다친 자들을 온전케 하는.
하늘에는 능력이 넘치네,
죄지은 영혼을 치유해주는.

결론

근래 무신론을 표방하는 저술가들은 "신앙"이라는 개념을 조롱했다. 그들은 오직 과학과 이성이 베푸는 구원만을 신뢰할 수 있다고 외쳤다! "이성과 과학을 위한 리처드 도킨스 재단" 운영자인 리처드 도킨스는, 신앙이 "아무 증거도 없이, 심지어 반대 증거가 있는데도 이를 무릅쓰고 무조건 믿는 것을 의미한다"라고 본다.[1] 이것은 강력한 수사(修辭)이지만, 도킨스의 영향력은 단지 이런 수박 겉핥기식 수사와 어울릴 뿐이다. 진리는 명백하며, 도킨스가 하는 말과 정반대다. 신앙은 인간 조건의 한 부분이다. 신앙을 전제하지 않고 이성의 정당성을 증명하는 논증을 하는 것은 불가능하다. 결론은 이미 그 전제 속에 내재되어 있다. 위대한 여성운동가요 철학자인 줄리아 크리스테바(Julia Kristeva, 1941-)는 이를 아주 예리하고 분명하게 표현했다. "내가 어느 종교에 속해 있든, 내가 불가지론자이거나 무기독교는 여러 가지 지점에서 비판을 받을 소지가 있다. 그러나 분명히 기독교는, 과학이나 경험에 근거한 사상과 달리, "단순한 신앙"에 의지하고 있다는 공격에 취약하지는 않다. 우리는 우리가 믿는 것들을 비판해보아야 하며, 그것들에 질문을 던지는 자세를 가져야 한다.

신론자이든, '나는 그것을 믿는다'고 말한다는 것은 '나는 그것을 진리라고 주장한다'는 뜻이다."[2]

어떤 것이 참이고 신뢰할 수 있다는 주장은, 그 주장의 진실성이 꼭 **증명되지** 않더라도 **정당성을 가질** 수 있다. 나는 어떤 것이 참이라고 믿을 만한 타당한 이유들을 가지고 있으면서도, 이 어떤 것이 참이라는 것을 증명할 수 없음을 인식하고 있을 수도 있다. 바로 이것이 사물의 본질이다. 찰스 다윈처럼 우리도, 우리가 세계 안에서 관찰한 것들을 탁월하게 설명해주지만, 그것이 참이라는 것을 우리 자신이나 다른 이들에게 **증명해 보일 수 없는** 이론을 계발했다고 믿을 수 있다. 윌리엄 윌버포스(William Wilberforce, 1759-1833)처럼 우리도, 노예 제도는 정의와 도덕에 어긋난다고 믿을 수 있지만, 우리 믿음이 옳다는 것을 증명해 보일 수는 없다. 하지만 다행히도 이런 점이 정의를 추구하려는 윌버포스와 다른 이들을 가로막지는 않았다.

기독교는 여러 가지 지점에서 비판을 받을 소지가 있다. 그러나 분명히 기독교는, 과학이나 경험에 근거한 사상과 달리, "단순한 신앙"에 의지하고 있다는 공격에 취약하지는 않다.[3] 우리는 우리가 믿는 것들을 비판해보아야 하며, 그것들에 질문을 던지는 자세를 가져야 한다. 바울이 자신의 초창기 서신 중 하나에서 강조하듯이 "모든 것을 검증해봐야 하고 선한 것을 굳게 붙들어야 한다"(살전 5:21). 도킨스는 그리스도인들이 무턱대고 믿는다고 생각하지만, 신약성경은 그리스도인들이 활용할 수 있는 증거에 근거하여 신뢰할 만한 태도로 비판하는 자세를 견지하며 믿는다고 주장한다.

우리는 이 책에서 사물들을 이해하고 싶어하는 인간의 깊은 욕구를 탐구해보았다. 이런 욕구는 자연과학은 물론이요 기독교 신앙에서도 분명하게 드러난다. 자주 우리는 더 위대한 것, 경험과 이성이라는 지평선 너머에 자리해 있는 것에 가까이 있다고 느낄 때가 있는 듯하다. 우리가 정녕 아는 것은 그 너머에 있는, 실재를 바라보는 더 위대한 시각을 가리키는 것 같다. 땅 끝에서 들리는 목소리들이 우리를 부르면서, 지금 우리가 가지고 있거나 알고 있는 것보다 더 심오하고 나은 무언가를 우리에게 일러주는 것 같다. 시인인 매튜 아놀드도 "묻혀 있는 삶"(The Buried Life)에서 이렇게 말했다.

그러나 종종 사람들로 넘쳐나는 세상의 거리에서도
종종 시끄러운 다툼 속에서도
우리의 묻혀 있는 삶을 알고 나니
형언할 수 없는 욕구가 생겨나네

우리와 세계의 소통은 단지 사물들을 이해하는 차원을 넘어 더 멀리 나아가고자 하는 더 깊은 갈망을 깨운다. 우리는 더 심오한 어떤 것, 더 큰 그림의 일부가 되길 원한다.

기독교가 사물을 보는 방식은 우리에게 실재를 인식시키고 실존 차원에서 지각하게 하여, 우리 자신과 우리가 사는 우주를 강력하고 설득력 있고 매력적으로 설명해준다. 기독교는 **우리에게** 설명해줄 뿐 아니라, **우리 자신도** 설명해준다. 기독교는 우리를 우주의 역사라는 위대한 내러티브 안에 배치하고 우리를 의미 있는 마음 지도 안에 위치시킨다. 기독교는 우리에게 사물을 다르게 보는 방법을 제공하고, 삶을 다르게 살아가는 방법을 제공하며, 우리에게 이런 것들을 함께 나누라고 권면한다. 우리는 우리 삶에 초점을 맞추면서, 우리가 의지할 수 있는, 안정되고 안전한 무언가를 가져야 한다.

이것은 참으로 중요한 지점이다. 제1차 세계대전의 광기와 파괴에 충격을 받았던 에리히 프롬(Erich Fromm, 1900-1980)이 이를 변호한 일은 유명하다. 프롬은 어린 시절에 경험했던 다음과 같은 사건을 기억하며 절망한 적이 있었다. 즉 아버지가 없이는 삶을 헤쳐나갈 수 없었던 한 젊은 여인이, 자기 아버지가 세상을 떠난 직후에 자살한 사건을 회고했던 것이다. 프롬은 사람들이 제정신을 유지하며 살아가려면 실제로 무엇이 필요한지 곱씹어보기 시작했다. 그는 답을, "지향과 헌신의 틀"(framework of orientation and devotion)이라고 스스로 이름 붙인 것에서 찾았다. 이 틀은 실존에게 목적과 의미를 부여하는, 세계에 관한 사고방식이었다. 프롬 자신이 전개했던 이 특별한 틀은, 이 세계에서 미치지 않고 살아가며 행동하려 한다면 이것이 필요하다는 사실을 인식한 후에 나왔다. 목적이 있고 의미 있는 삶을 살기 위해서는 기준이 될 틀이 필요하다. 이 틀은 우리 삶에 안전한 기초와 초점을 제공해준다.

그리스도인에게는 이 틀과 초점이 살아 계신 하나님, 곧 "우리 주 예수 그리스도의 아버지이신 하나님"(고후 1:3)이시다. 하나님은 예수 그리스도의 삶과 죽음과 부활 속에서, 그리고 성경의 각 페이지 속에서 당신을 알려주신다. 하지만 하나님은 우리더러 세계의 깊이와 신비한 아름다움을 헤아려보라고 부르시는 음성인 자연계를 통해, 당신이 지으신 세계를 통해 당신 자신을 어느 정도 알려주신다.

위대한 과학자 아이작 뉴턴은 이런 느낌을 완벽하게 표현했다. 우리가 관찰할 수 있는 것 너머에 자리해 있는 더 위대한 실재를 놓고, 그는 이렇게 이야기했다.

나는 그저 바닷가에서 놀다가 가끔씩 보통 것보다 더 보드라운 조약돌을 발견하거나 더 예쁜 조개를 발견하면 즐거워하는 소년에 불과했습니다. 하지만 진리라는 거대한 바다는 온통 미답(未踏)인 채 내 앞에 펼쳐져 있었습니다.[4]

우리는 우주라는 바닷가를 거닐다가 우리 주위에서 조약돌과 조개를 보고 기뻐하면서 그것들이 무엇을 의미하는지 묻는다. 우리는 눈을 들어 저 너머에 있는 의미라는 광대한 바다, 결국 우리가 보는 것들이 나온 그곳을 봐야 한다. 이 세계에 있는 것들은 단지 표지요 저 너머에 있는 것들을 일러주는 것이기 때문이다. 따라서 우리는 이것들이 우리를, 이들이 나온 근원으로 인도하게 해야 한다.

주 ____

1장_ 큰 그림 찾기

1. Dorothy L. Sayers, *Les origines du roman policier*(Hurstpierpoint, UK: Dorothy L. Sayers Society, 2003).

2. Ibid., 14.

3. William Whewell, *The Philosophy of the Inductive Sciences*, 2 vols.(London: John W. Parker, 1847), 2:36: "사실들은 알려져 있으나 따로 놓고 서로 이어져 있지 않다.… 진주들이 있지만, 누군가가 실을 제공하지 않으면 이 진주들은 하나가 되지 못할 것 이다."

4. Peter R. Dear, *The Intelligibility of Nature: How Science Makes Sense of the World*(Chicago: University of Chicago Press, 2008).

5. Edna St. Vincent Millay, *Collected Sonnets*, rev., exp. ed.(New York: Harper Perennial, 1988), 140.

6. Richard Dawkins, *River out of Eden: A Darwinian View of Life*(London: Phoenix, 1995), 133.

7. Peter B. Medawar, *The Limits of Science*(Oxford: Oxford University Press, 1985), 66.

8. Richard Dawkins, *A Devil's Chaplain: Selected Writings*(London: Weidenfield & Nicolson, 2003), 34.

9. Bertrand Russell, *The Impact of Science upon Society*(London: Routledge, 1998), 97.

2장_ 사물의 의미를 이해하려는 열망

1. Terry Eagleton, *Reason, Faith, and Revolution: Reflections on the God Debate*(New Haven: Yale University Press, 2009), 7.

2. Christopher Hitchens, *God Is Not Great: How Religion Poisons Everything*(New York: Twelve, 2007), 282.

3. William James, *The Will to Believe*(New York: Dover Publications, 1956), 51.

4. Simone Weil, *First and Last Notebooks*(London: Oxford University Press, 1970), 147.

5. 21세기가 2001년 1월 1일에 시작한 이유는, 역사가 주전 1년으로부터 주후 1년으로 넘어갈 때 중간에 0년이 없이 곧바로 넘어갔기 때문이다.

6. Zygmunt Bauman, "On Writing: On Writing Sociology," *Theory, Culture & Society* 17(2000): 79-90. 79쪽에서 인용.

7. Charles S. Peirce, *Collected Papers*, ed. Charles Hartshorne and Paul Weiss, 8 vols. (Cambridge, MA: Belknap Press of Harvard University Press, 1931-60), 5:189.

8. Michael Polanyi, "Science and Reality," *British Journal for the Philosophy of Science* 18(1967): 177-96.

9. Isaiah Berlin, *Concepts and Categories: Philosophical Essays*(New York: Viking Press, 1979), 1-11.

10. 특히 Viktor E. Frankl, *Man's Search for Meaning*(New York: Simon & Schuster, 1963)을 보라.

3장_ 우주의 언저리에 있는 패턴들

1. 이 이미지의 역사와 용례를 살펴보려면, Clarence J. Glacken, *Traces on the Rhodian Shore: Nature and Culture in Western Thought from Ancient Times to the End of the Eighteenth Century*(Berkeley: University of California Press, 1973)를 보라.

2. A. F. Alexander, *The Planet Uranus: A History of Observation, Theory and Discovery*(London: Faber & Faber, 1965).

3. Tom Standage, *The Neptune File: A Story of Astronomical Rivalry and the Pioneers of Planet Hunting*(New York: Walker, 2000).

4. Charles Darwin, *On the Origin of Species by Means of Natural Selection*, 6th ed.(London: John Murray, 1872), 444.

5. Charles Darwin, *On the Origin of Species*, 1st ed.(London: John Murray, 1859),

171. 그런 "난제들"의 예를 보려면, Abigail J. Lustig, "Darwin's Difficulties," in *The Cambridge Companion to the "Origin of Species*," ed. Michael Ruse and Robert J. Richards(Cambridge: Cambridge University Press, 2009), 109-28을 보라.

6. 가령 다윈은 플리밍 젠킨스가 "혼합 유전"(blending inheritance; 부모 세대의 형질이 절반씩 자손에게 유전된다는 이론으로 멘델이 유전 법칙을 내놓을 때까지 정설 노릇을 함―역자 주)과 관련하여 피력한 우려에 설득력 있는 답변을 내놓지 못했다. Michael Bulmer, "Did Jenkin's Swamping Argument Invalidate Darwin's Theory of National Selection?" *British Journal for the History of Science* 37 (2004): 281-97을 보라.

7. 다윈의 과학 성찰과 신앙 성찰에서 믿음이 행하는 역할을 살펴보려면, Alister McGrath, "Religious and Scientific Faith: The Case of Charles Darwin's *The Origin of Species*," in *The Passionate Intellect: Christian Theology and the Discipleship of the Mind*(Downers Grove, IL: InterVarsity Press, 2010), 119-37을 보라.

8. William James, "The Sentiment of Rationality," in *The Will to Believe and Other Essays in Popular Philosophy*(New York: Longmans, Green, & Co., 1987), 63-110.

4장_ 우리는 사물을 어떻게 이해하는가?

1. Peter R. Dear, *The Intelligibility of Nature: How Science Makes Sense of the World*(Chicago: University of Chicago Press, 2008), 173.

2. Michael Polanyi, *The Tacit Dimension*(Garden City, NY: Doubleday, 1967), 24. 아울러 더 발전된 접근법을 살펴보려면, C. Stephen Evans, *Natural Signs and Knowledge of God*(Oxford: Oxford University Press, 2010), 26-148을 보라.

3. Paul Humphreys, *The Chances of Explanation: Causal Explanation in the Social, Medical, and Physical Sciences*(Princeton, NJ: Princeton University Press, 1989). 아울러 James Woodward, *Making Things Happen: A Theory of Causal Explanation*(Oxford: Oxford University Press, 2003)을 보라.

4. Paul Thagard, "The Best Explanation: Criteria for Theory Choice," *Journal of Philosophy* 75(1978): 76-92; Peter Lipton, *Inference to the Best Explanation*, 2nd ed. (London: Routledge, 2004).

5. Michael Friedman, "Explanation and Scientific Understanding," *Journal of Philosophy* 71(1974): 5-19; Paul Kitcher, "Explanatory Unification and the Causal Structure of the World," in *Scientific Explanation*, ed. P. Kitcher and W. Salmon(Minneapolis:

University of Minnesota Press, 1989), 410-505.

6. Robert W. Smith, *The Expanding Universe: Astronomy's "Great Debate,"* *1900-1931*(Cambridge: Cambridge University Press, 1982): Helge S. Kragh, *Conceptions of Cosmos: From Myths to the Accelerating Universe. A History of Cosmology*(Oxford: Oxford University Press, 2006).

7. Jeremy Bernstein, *Three Degrees above Zero: Bell Laboratories in the Information Age*(New York: Scribner's Sons, 1984).

8. Steven Weinberg, *The First Three Minutes: A Modern View of the Origin of the Universe*, updated ed.(New York: Basic Books, 1993).

9. 많은 철학자들은 양자 진공 상태로부터 양자 입자가 등장하는 것이야말로 무언가가 무(無)로부터 아무런 원인 없이 존재하기 시작함을 보여주는 사례라고 주장했다. 하지만 이런 주장은 양자역학을 오해한 결과다. Alexander Pruss, *The Principle of Sufficient Reason: A Reassessment*(Cambridge: Cambridge University Press, 2006), 160-69을 보라.

10. 기독교가 창조를 어떻게 이해하는지 기본 내용을 살펴보려면, Alister E. McGrath, *Christian Theology: An Introduction*, 5th ed. (Oxford: Blackwell, 2010), 215-22을 보라.

11. William Lane Craig, "In Defense of Theistic Arguments," in *The Future of Atheism*, ed. Robert B. Stewart(Minneapolis: Fortress Press, 2008), 67-96.

12. Pietro Corsi, *Evolution before Darwin*(Oxford: Oxford University Press, 2011)을 보라.

13. Charles Darwin, *The Life and Letters of Charles Darwin*, ed. Francis Darwin, 3rd ed., 3 vols. (London: John Murray, 1887), 2:155.

14. John Polkinghorne, *Theology in the Context of Science*(London: SPCK, 2008), 84.

15. Bernard Lonergan, *Insight: A Study of Human Understanding*, 2nd ed. (New York: Philosophical Library, 1958), 684.

5장_ 한물간 어느 무신론자의 생각

1. Richard Dawkins, *The God Delusion*(Boston: Houghton Mifflin, 2006); Sam Harris, *The End of Faith: Religion, Terror, and the Future of Reason*(New York: W. W. Norton, 2004); Daniel C. Dennett, *Breaking the Spell: Religion as a Natural Phenomenon*(New York: Viking, 2006); Christopher Hitchens, *God Is Not Great:*

How Religion Poisons Everything(New York: Twelve, 2007).

2. Ernest Hemingway, *A Farewell to Arms*(New York: Scribner's, 1997), 13.

3. Ian McEwan, "A Parallel Tradition," *The Guardian*, 2006년 4월 1일, http://www.guardian.co.uk/books/2006/apr/01/scienceandnature.richarddawkins.

4. Tom Wolfe, "The Great Relearning," in *Hooking Up*(London: Jonathan Cape, 2000), 140-45.

5. Richard Dawkins, *A Devil's Chaplain: Selected Writings*(London: Weidenfield & Nicolson, 2003), 16.

6. 훌륭한 연구서를 보려면, Michael Stenmark, *Scientism: Science, Ethics and Religion*(Aldershot: Ashgate, 2001)을 보라.

7. 가령 Michael Polanyi, *Personal Knowledge*(New York: Harper & Row, 1964)를 보라.

8. 이런 관념을 체계 있게 폭로한 글을 보려면, Ronald L. Numbers, ed., *Galileo Goes to Jail: And Other Myths about Science and Religion*(Cambridge, MA: Harvard University Press, 2009)을 보라.

9. Dawkins, *God Delusion*, 66-69.

10. Richard Dawkins, *The Greatest Show on Earth*(London: Transworld, 2009).

11. Dawkins, *God Delusion*, 188.

12. ibid., 166.

13. 이를 더 자세히 알아보려면, Gudmunder Ingi Markusson, "Review of The God Delusion," *Journal of Cognition and Culture* 7(2007): 369-73을 보라.

14. 이를 살펴보려면, Donald E. Brown, *Human Universals*(New York: McGraw Hill, 1991), 48을 보라.

15. Richard Dawkins, *The Selfish Gene*, 2nd ed. (Oxford: Oxford University Press, 1989), 21. 내가 이 점을 강조한 것은 데니스 노블 덕분이다. 특히 Denis Noble, *The Music of Life: Biology beyond the Genome*(Oxford: Oxford University Press, 2006)을 보라.

16. Samir Okasha, *Evolution and the Levels of Selection*(Oxford: Oxford University Press, 2006), 143-72.

17. Noble, *Music of Life*, 13.

6장_ 과학의 지평 너머

1. Thomas H. Huxley, *Darwiniana*(London: Macmillan, 1893), 248-52. 252쪽에서 인용.

2. Thomas H. Huxley, *Collected Essays*, vol. 4(London: Macmillan, 1895), 139-63을 보라.

3. Charles Darwin, *The Life and Letters of Charles Darwin*, ed. Francis Darwin, 3rd ed., 3 vols. (London: John Murray, 1887), 2:200.

4. 이어지는 내용을 보려면, Jose Ortega y Gasset, *History as a System and Other Essays toward a Philosophy of History*(New York: W. W. Norton, 1962), 13-15을 보라.

5. Richard Dawkins, *A Devil's Chaplain: Selected Writings*(London: Weidenfield & Nicolson, 2003), 37.

6. Charles A. Coulson, *Science and Christian Belief*(Chapel Hill: University of North Carolina Press, 1958), 75.

7. Richard Swinburne, *The Existence of God*(Oxford: Clarendon Press, 1979), 71.

8. 이를 더 자세히 알아보려면, John Polkinghorne, *One World: The Interaction of Science and Theology*(Princeton, NJ: Princeton University Press, 1986)를 보라.

9. Albert Einstein, "Physics and Reality," *Journal of the Franklin Institute* 221(1936): 349-89. 351쪽에서 인용.

10. Stephen J. Gould, "Impeaching a Self-Appointed Judge," *Scientific American* 267, no. 1(1992): 118-21.

11. 대중의 눈높이에서 훌륭한 설명을 제시하고 이런 신화들 대다수의 정체를 폭로한 글을 보려면, Ronald L. Numbers, ed., *Galileo Goes to Jail: And Other Myths about Science and Religion*(Cambridge, MA: Harvard University Press, 2009)을 보라.

12. M. R. Bennett and P. M. S. Hacker, *Philosophical Foundations of Neuroscience* (Oxford: Blackwell, 2003), 372-76.

13. 가령 Maurice Bloch, "A Well-Disposed Social Anthropologist's Problem with Memes," in *Darwinizing Culture: The Status of Memetics as a Science*, ed. Robert Augner(Oxford: Oxford University Press, 2000), 189-203; Scott Atran, "The Trouble with Memes: Inference versus Imitation in Cultural Creation," *Human Nature* 12(2001): 351-81; Francisco J. Gil-White, "Common Misunderstandings of Memes (and Genes): The Promise and the Limits of the Genetic Analogy to Cultural Transmission Processes," in *Perspectives on Imitation: From Neuroscience to Social Science*, ed. Susan Hurley and Nick Chater(Cambridge, MA: MIT Press, 2005), 317-38을 보라.

14. Richard Dawkins, *The God Delusion*(London: Bantam, 2006), 196.

15. 난점들을 상세히 분석한 글을 보려면, Liane Gabora, "Ideas Are Not Replicators but Minds Are," *Biology and Philosophy* 19(2004): 127-43을 보라.

16. 웹사이트 http://cfpm.org/jom-emit/를 보라.

17. Bruce Edmonds, "The Revealed Poverty of the Gene-Meme Analogy-Why Memetics Per Se Has Failed to Produce Substantive Results," 2005년 1월, 온라인 주소 http://cfpm.org/jog-emit/2005/vol9/edmonds_b.html.

7장_ 기독교의 관점

1. C. S. Lewis, "Is Theology Poetry?" in *C. S. Lewis: Essay Collection and Other Short Pieces*, ed. Lesley Walmsley(London: HarperCollins, 2000), 1-21. 21쪽에서 인용.

2. 가령 Ann Loades, "C. S. Lewis: Grief Observed, Rationality Abandoned, Faith Regained," *Literature and Theology* 3(1989): 107-21; Alister McGrath, "The Cross, Suffering and Theological Bewilderment: Reflections on Martin Luther and C. S. Lewis," in *The Passionate Intellect: Christian Faith and the Discipleship of the Mind*(Downers Grove, IL: InterVarsity Press, 2010), 57-69을 보라.

3. 논증을 보려면, Alister E. McGrath, *The Open Secret: A New Vision for Natural Theology*(Oxford: Blackwell, 2008), 115-216을 보라.

4. Iris Murdoch, "The Sovereignty of Good over Other Concepts," in *Existentialists and Mystics*, ed. Peter Conradi(London: Chatto, 1998), 363-85. 368쪽에서 인용.

5. John Ruskin, *Works*, ed. E. T. Cook and A. Wedderburn, 39 vols.(London: Allen, 1903-12), 5:333.

6. 시사점이 많은 이 문구를 처음 사용한 이는 Eugene Wigner, "The Unreasonable Effectiveness of Mathematics," *Communications on Pure and Applied Mathematics* 13(1960): 1-14이다.

7. Charles A. Coulson, *Science and Christian Belief*(Chapel Hill: University of North Carolina Press, 1958), 22.

8. Henry Drummond, *The Ascent of Man*, 7th ed. (New York: James Pott, 1897), 334.

9. John Behr, *Asceticism and Anthropology in Irenaeus and Clement*(Oxford: Oxford University Press, 2000), 34-85; Eric F. Osborn, *Irenaeus of Lyons*(Cambridge: Cambridge University Press, 2001), 51-141을 보라.

10. Athanasius, *De incarnatione* 12; 아울러 Khaled Anatolios, *Athanasius*(London: Routledge, 2004), 41-43을 보라.

11. John Polkinghorne, *Science and Creation: The Search for Understanding* (London: SPCK, 1988), 20-21; 더 자세한 내용은 idem, *Belief in God in an Age of*

Science(New Haven, CT: Yale University Press, 1998)를 보라.

8장_ 우주의 심오한 구조

1. Martin J. Rees, *New Perspectives in Astrophysical Cosmology*, 2nd ed. (Cambridge: Cambridge University Press, 2000); Edward R. Harrison, *Cosmology: The Science of the Universe*, 2nd ed. (Cambridge: Cambridge University Press, 2000).

2. Ernan McMullin, "Indifference Principle and Anthropic Principle in Cosmology," *Studies in the History and Philosophy of Science* 24(1993): 359-89.

3. Lee Smolin, *The Life of the Cosmos*(New York: Oxford University Press, 1997), 37.

4. 상세한 논의를 살펴보려면, Rodney D. Holder, *God, the Multiverse, and Everything: Modern Cosmology and the Argument from Design*(Aldershot: Ashgate, 2004); Alister E. McGrath, *A Fine-Tuned Universe: The Quest for God in Science and Theology*(Louisville, KY: Westminster John Knox Press, 2009)를 보라.

5. 철학적 고찰을 살펴보려면, Richard Swinburne, "The Argument from the Fine-Tuning of the Universe," *Physical Cosmology and Philosophy*, ed. John Leslie(New York: Macmillan, 1990), 154-73; Robin Collins, "A Scientific Argument for the Existence of God: The Fine-Tuning Design Argument," in *Reason for the Hope Within*, ed. Michael J. Murray(Grand Rapids: Wm. B. Eerdmans, 1999), 47-75을 보라.

6. John Leslie, *Universes*(London: Routledge, 1989), 63.

7. Paul Davies, "The Unreasonable Effectiveness of Science," in *Evidence of Purpose: Scientists Discover the Creator*, ed. John Marks Templeton(New York: Continuum, 1994), 44-56. 46쪽에서 인용.

8. C. B. Collins and Stephen Hawking, "Why is the Universe Isotropic?" *Astrophysical Journal Letters* 180(1973): 317-34.

9. Brandon Carter, "Large Number Coincidences and the Anthropic Principle," in *Confrontation of Cosmological Theories with Observational Data*, ed. M. S. Longair(Boston: Reidel, 1974), 291-98.

10. John Barrow and Frank J. Tipler, *The Anthropic Cosmological Principle*(Oxford: Oxford University Press, 1986).

11. Jonathan R. Topham, "Biology in the Service of Natural Theology: Darwin, Paley, and the Bridgewater Treatises," in *Biology and Ideology: From Descartes to Dawkins*, ed. Denis R. Alexander and Ronald L. Numbers(Chicago: University of Chicago

Press, 2010), 88-113.

12. 가령 Paul Davies, *The Goldilocks Enigma: Why is the Universe Just Right for Life?*(London: Allen Lane, 2006), 147-71을 보라.

13. Martin J. Rees, *Just Six Numbers: The Deep Forces That Shape the Universe*(London: Phoenix, 2000), 2-4.

9장_ 생명의 가능성이 지닌 신비

1. Donald D. Clayton, *Principles of Stellar Evolution and Nucleosynthesis*(New York: McGraw-Hill, 1968).

2. Fred Hoyle, "The Universe: Past and Present Reflections," *Annual Review of Astronomy and Astrophysics* 20(1982); 1-35. 16쪽에서 인용.

3. Bernard J. Carr and Martin J. Rees, "Fine-Tuning in Living Systems," *International Journal of Astrobiology* 3(2003): 79-86.

4. 특히 R. J. P. Williams and J. J. R. Frausto da Silva, *The Chemistry of Evolution: The Development of Our Ecosystem*(Boston: Elsevier, 2006); idem, *The Natural Selection of the Chemical Elements: The Environment and Life's Chemistry*(Oxford: Clarendon Press, 1996)를 보라.

5. Robin Collins, "The Multiverse Hypothesis: A Theistic Perspective," in *Universe or Multiverse?* ed. Bernard Carr(Cambridge: Cambridge University Press, 2007), 459-80.

10장_ 생물학 역사에서 우연히 일어난 일이라고?

1. Abigail Lustig, "Natural Atheology," in *Darwinian Heresies*, ed. Abigail Lustig, Robert J. Richards, and Michael Ruse(Cambridge: Cambridge University Press, 2004), 69-83을 보라.

2. 논의를 살펴보려면, William A. Dembski and Michael Ruse, eds., *Debating Design: From Darwin to DNA*(Cambridge: Cambridge University Press, 2004)에 들어 있는 논문들을 보라.

3. 이는 Alister E. McGrath, "The Ideological Uses of Evolutionary Biology in Recent Atheist Apologetics," in *Biology and Ideology: From Descartes to Dawkins*, ed. Denis

R. Alexander and Ronald L. Numbers(Chicago: University of Chicago Press, 2010), 329-51에서 언급했다. 이 점을 더 충실히 논의한 책으로는, Alister E. McGrath, *Darwinism and the Divine: Evolutionary Thought and Natural Theology*(Oxford: Wiley-Blackwell, 2011).

4. 이런 입장에 대한 힘 있는 주장을 보려면, Richard Dawkins, "Darwin Triumphant: Darwinism as Universal Truth," in *A Devil's Chaplain: Selected Writings*(London: Weidenfield & Nicolson, 2003), 78-90을 보라.

5. Thomas H. Huxley, *Lay Sermons, Addresses, and Reviews*(London: Macmillan, 1870), 301.

6. 종교에 관한 그의 복잡한 견해를 살펴보려면, Sheridan Gilley and Ann Loades, "Thomas Henry Huxley: The War between Science and Religion," *Journal of Religion* 61(1981): 285-308.

7. Charles Darwin, *The Life and Letters of Charles Darwin*, ed. Francis Darwin, 3rd ed., 3 vols. (London: John Murray, 1987), 2:203-4.

8. 가령 Richard Dawkins, *The Blind Watchmaker: Why the Evidence of Evolution Reveals a Universe without Design*(New York: W. W. Norton, 1986)을 보라. 이것과 James G. Lennox, "Darwin Was a Teleologist," *Biology and Philosophy* 8(1993): 409-21을 대비해보라.

9. Jacques Monod, *Chance and Necessity: An Essay on the Natural Philosophy of Modern Biology*(New York: Alfred A. Knopf, 1971).

10. 특히 Alister E. McGrath, "The Ideological Uses of Evolutionary Biology in Recent Atheist Apologetics," in *Biology and Ideology: From Descartes to Dawkins*, ed. Denis R. Alexander and Ronald L. Numbers(Chicago: University of Chicago Press, 2010), 329-51을 보라.

11. Francisco J. Ayala, "Teleological Explanations in Evolutionary Biology," *Philosophy of Science* 37(1970): 1-15. 12쪽에서 인용.

12. Ernst Mayr, *Toward a New Philosophy of Biology: Observations of an Evolutionist*(Cambridge, MA: Harvard University Press, 1988), 38-66.

13. Stephen J. Gould, *Wonderful Life: The Burgess Shale and the Nature of History*(New York: W. W. Norton, 1989), 290.

14. Simon Conway Morris, *Life's Solution: Inevitable Humans in a Lonely Universe* (Cambridge: Cambridge University Press, 2003), 297.

15. Ibid., 282.

16. Ibid., 144. 이런 사례들을 열거해놓은 457-461쪽을 보라.

17. Ibid., 19-21.

18. Simon Conway Morris, "Darwin's Compass: How Evolution Discovers the Song of Creation," *Science and Christian Belief* 18(2006): 5-22.

19. Francisco J. Ayala, "Intelligent Design: The Original Version," *Theology and Science* 1(2003): 9-32.

11장_ 역사, 문화, 신앙

1. William Hazlitt, *Essays*(London: Walter Scott, 1889), 269.

2. Durham Cathedral MS B. Ⅲ. 32에 들어 있는 14번 속담을 보라. O. Arngart, "Further Notes on the Durham Proverbs," *English Studies* 58(1977): 101-4을 보라.

3. Terry Eagleton, *Reason, Faith, and Revolution: Reflections on the God Debate*(New Haven, CT: Yale University Press, 2009), 28.

4. Robert J. Louden, *The World We Want: How and Why the Ideals of the Enlightenment Still Elude Us*(Oxford: Oxford University Press, 2007)에 있는 분석을 보라.

5. Christopher Hitchens, *God Is Not Great: How Religion Poisons Everything*(New York: Twelve, 2007), 277-83.

6. Peter Atkins, "Atheism and Science," in *The Oxford Handbook of Religion and Science*, ed. Philip Calyton and Zachary Simpson(Oxford: Oxford University Press, 2006), 136.

7. Daniel Peris, *Storming the Heavens: The Soviet League of the Militant Godless*(Ithaca, NY: Cornell University Press, 1998).

8. Eagleton, *Reason, Faith*, and Revolution, 87-89.

9. J. R. R. Tolkien, "Mythopoeia," in *Tree and Leaf*(London: HarperCollins, 1992), 85-90. 89쪽에서 인용.

10. 하나님이 피조물을 새롭게 하시고 회복시키시는 놀라운 장면을 이야기한 사 2:4을 보라. "그들의 칼로 보습을 만들고, 그들의 창으로 낫을 만들리니, 나라가 나라를 대적하여 칼을 들지 아니할 것이요, 그들이 더 이상 전쟁을 배우지 아니하리라."

11. Louis F. Fieser, "The Synthesis of Vitamin K," *Science* 91(1940): 31-36.

12. 원자폭탄 사용에 대한 논쟁에서 다룬 이 테마와 다른 테마들을 살펴보려면, J. Samuel Walker, "History, Collective Memory, and the Decision to Use the Bomb," *Discipline History* 19(Spring 1995): 319-28을 보라.

13. http://nobelprize.org/nobel_prizes/peace/laureates/1995/rotblat-lecture.html을 보라.

14. 이 연설-남아프리카 루스텐버그(Rustenburg)에서 열린 49차 퍼그워쉬 과학과 세계정세 컨퍼런스 개회사이기도 하다-을 살펴보려면, Joseph Rotblat, "Science and Humanity in the Twenty-First Century," 1999년 9월 6일, http://nobelprize.org/nobel_prizes/peace/laureates/1995/rotblat-article.html?print=1#footnote1을 보라.

12장_ 마음의 욕망, 의미를 찾으려는 갈망

1. J. R. R, Tolkien, *Tree and Leaf*(London: HarperCollins, 2001), 87. 개혁신학 쪽 생각을 살펴보려면, Charles Hodge, *Systematic Theology*, 3 vols.(New York: Scribner's, 1917), 1:200을 보라. 여기서 하지는 하나님이 "우리의 종교적 느낌, 우리가 뭔가에 의존하고 있다는 의식, 우리 자신보다 더 높은, 그리고 이 세계나 자연 안에 존재하는 그 어떤 것보다 더 높은 어떤 존재와 사귐을 나눠야 한다는 우리의 책임감 및 그런 사귐을 갖고 싶어하는 열망"이 지향하는 참된 목표라고 주장한다.

2. John Paul Ⅱ, 회람 서신 *Fides et Ratio*, 24. 서신 본문은 http://www.vatican.va/holy_father/john_paul_ ii /encyclicals/documents/hf_jp- ii _enc_15101998_fides-et-ratio_en.html을 보라.

3. Tolkien, *Tree and Leaf*, 87.

4. Czeslaw Milosz, "The Discreet Charm of Nihilism," *New York Times Review of Books*, 19 November 1998, 17-18. 그가 쓴 가장 뛰어나고 가장 큰 영향을 미친 책을 보려면, Czeslaw Milosz, *The Captive Mind*(New York: Vintage Books, 1981)를 보라.

5. C. S. Lewis, *Surprised by Joy*(London: Collins, 1989), 138.

6. Richard Dawkins, *River out of Eden: A Darwinian View of Life*(London: Phoenix, 1995), 133.

7. 여기서 도킨스가 내놓은 논증들을 평가한 글을 보려면, Keith Ward, *Why There Almost Certainly Is a God: Doubting Dawkins*(Oxford: Lion Hudson, 2008)를 보라.

8. 논의를 모두 살펴보려면, John Haldane, "Philosophy, the Restless Heart, and the Meaning of Theism," *Ratio* 19(2006): 421-40.

9. Blaise Pascal, *Pensées*(New York: Penguin, 1995), 45.

10. 여기서 Verlyn Flieger, *Splintered Light: Logos and Language in Tolkien's World* (Kent, OH: Kent State University Press, 2002), 9-10을 보라.

11. Christopher Garbowski, *Recovery and Transcendence for the Contemporary Mythmaker: The Spiritual Dimension in the Works of J. R. R. Tolkien*(Lublin, Poland: Marie Curie-Sklodowska University Press, 2000).

12. Jane Chance, *The Lord of the Rings: The Mythology of Power*(Lexington: University Press of Kentucky, 2001).

13. C. S. Lewis, "Is Theology Poetry?" in *C. S. Lewis: Essay Collection and Other Short Piece*, ed. Lesley Walmsley(London: HarperCollins, 2000), 1-21. 15-16쪽에서 인용.

14. Augustine of Hippo, *Confessions* 1.1.1.

15. C. S. Lewis, "The Weight of Glory," in *Screwtape Proposes a Toast, and Other Pieces*(London: Collins Fontana Bools, 1965), 94-110. 97쪽에서 인용.

16. 루이스는 이 이미지를 『나니아 연대기』 6권인 『은(銀)의자』(*The Silver Chair*)에서 중요하게 사용한다. William G. Johnson and Marcia K. Houtman, "Platonic Shadows in C. S. Lewis' *Narnia Chronicles*," *Modern Fiction Studies* 32(1986): 75-87을 보라.

17. Lewis, "The Weight of Glory," 98-99.

18. Ibid., 106.

13장_ 의미에 놀라다

1. Pascal, *Pensées*, 19.

2. Ursula Goodenough, *The Sacred Depths of Nature*(Oxford: Oxford University Press, 1988), 10.

3. Richard Sorabji, *Emotion and Peace of Mind: From Stoic Agitation to Christian Temptation*(Oxford: Oxford University Press, 2002), 17-54을 더 보라.

4. C. S. Lewis, "Is Theology Poetry?" in *C. S. Lewis: Essay Collection and Other Short Pieces*, ed. Lesley Walmsey(London: HarperCollins, 2000), 1-21. 21쪽에서 인용.

5. Roy Baumeister, *Meanings of Life*(New York: Guilford Press, 1991), 29-57.

6. Richard Weikart, *From Darwin to Hitler: Evolutionary Ethics, Eugenics, and Racism in Germany*(New York: Palgrave Macmillan, 2004)에서 언급된 내용.

7. Michael J. Sandel, *Justice: What's the Right Thing to Do?*(New York: Farrar, Straus & Giroux, 2009), 244-69.

8. 예를 들어 James Schmidt, *What Is Enlightenment? Eighteenth-Century Answers and Twentieth-Century Questions*(Berkeley, CA: University of California Press, 1996)를 보라.

9. Robert J. Louden, *The World We Want: How and Why the Ideals of the Enlightenment Still Elude Us*(Oxford: Oxford University Press, 2007)가 제시한 분석을 보라.

10. Alasdair MacIntyre, *Whose Justice? Which Rationality?*(Notre Dame: University of

Notre Dame Press, 1988)가 제시하는 고전적 분석을 보라.

11. Michael J. Sandel, *Liberalism and the Limits of Justice*(Cambridge: Cambridge University Press, 1982).

12. Maurice S. Friedman, *Martin Buber: The Life of Dialogue*, 4th ed.(London: Routledge, 2002).

13. Augustine of Hippo, *Confessions* 1.1.1.

14. 이 연(stanza)을 가져온 Herbert의 "Elixir"를 신학적 관점에서 상세히 주석한 글을 보려면, Alister McGrath, "The Gospel and the Transformation of Reality: George Herbert's 'Elixir,'" in *The Passionate Intellect: Christian Faith and the Discipleship of the Mind*(Downers Grove, IL: InterVarsity Press, 2010), 45-55을 보라.

15. 이 점에 관한 고전적 설명을 보려면, Rick Warren, *The Purpose-Driven Life: What on Earth Am I Here For?*(Grand Rapids: Zondervan, 2002)를 보라.

16. 가령 바울은 이렇게 써놓았다. "나는 옳은 것을 하려고 할 수 있으나 나는 그리할 수 없노라. 이는 내가 내가 원하는 선을 행하지 않고 내가 원하지 않은 악을 행하기 때문이라"(롬 7:18-19; 저자가 제시한 본문을 직역함—역자 주).

17. Alister McGrath, *Heresy: A History of Defending the Truth*(San Francisco: HarperOne, 2009), 159-70을 보라.

결론

1. Richard Dawkins, *The Selfish Gene*, 2nd ed. (Oxford: Oxford University Press, 1989), 198.

2. Julia Kristeva, *The Incredible Need to Believe*(New York: Columbia University Press, 2009), 3.

3. 이 점을 탁월하게 다룬 글을 보려면, Timothy Keller, *The Reason for God: Belief in an Age of Skepticism*(New York: Dutton, 2008), 127-225을 보라.

4. David Brewster, *Life of Sir Isaac Newton*, rev. and ed. W. T. Lynn, new ed. (London: William Tegg, 1875), 303.